KB124670

100가지 질문에 답하는 나만의 일기장

1일
1쓰기

초등
영어일기

한지혜 지음

넥서스에듀

차례

초등 영어일기

영어일기는 날짜와 날씨를 쓰는 방법이
우리말 일기와 달라요.

 ## 요일과 날짜 쓰기

우리말 날짜	6월 11일, 목요일, 흐림
영어 날짜	Thursday, June 11, Cloudy

요일　　　　월, 일　　　날씨

영어에서는 요일과 날짜를 쓸 때 '요일, 월, 일'의 순서로 써요.
요일과 월,일 사이에는 쉼표(,)를 쓰고, 요일과 월은 항상 대문자로 시작해요.

요일 요일은 빈칸에 있는 것처럼 줄여서 쓸 수 있어요. 이때 마침표는 꼭 찍어 줘야 해요.

월요일	Monday (Mon.)	화요일	Tuesday (Tues.)
수요일	Wednesday (Wed.)	목요일	Thursday (Thur.)
금요일	Friday (Fri.)	토요일	Saturday (Sat.)
일요일	Sunday (Sun.)		

월 달 이름도 요일처럼 마침표를 찍어서 줄여서 쓸 수 있어요.

1월	January (Jan.)	2월	February (Feb.)	3월	March (Mar.)
4월	April (Apr.)	5월	May	6월	June (Jun.)
7월	July (Jul.)	8월	August (Aug.)	9월	September (Sep.)
10월	October (Oct.)	11월	November (Nov.)	12월	December (Dec.)

날짜 날짜가 며칠인지 말할 때는 서수로 말하니 잘 기억하세요.

1일	first	**11일**	eleventh	**21일**	twenty-first
2일	second	**12일**	twelfth	**22일**	twenty-second
3일	third	**13일**	thirteenth	**23일**	twenty-third
4일	fourth	**14일**	fourteenth	**24일**	twenty-fourth
5일	fifth	**15일**	fifteenth	**25일**	twenty-fifth
6일	sixth	**16일**	sixteenth	**26일**	twenty-sixth
7일	seventh	**17일**	seventeenth	**27일**	twenty-seventh
8일	eighth	**18일**	eighteenth	**28일**	twenty-eighth
9일	ninth	**19일**	nineteenth	**29일**	twenty-ninth
10일	tenth	**20일**	twentieth	**30일**	thirtieth
				31일	thirty-first

 ## 날씨 쓰기

날씨를 표현할 때는 요일과 날짜를 쓰고 난 다음에 쉼표(,)를 붙인 다음 바로 뒤에 써요.
이때 첫 글자는 대문자로 쓰는 것 명심하세요.

맑음	Sunny, Clear	안개	Foggy	비	Rainy	추움	Cold	따뜻함	Warm
흐림	Cloudy	바람	Windy	눈	Snowy	더움	Hot	서늘함	Cool

다음을 영어로 바꿔 보세요.

① 2월 8일, 토요일, 눈 ➡ _____, _____, _____

② 8월 27일, 수요일, 맑음 ➡ _____, _____, _____

DAY 001

Talk about yourself.
자기소개를 해 보세요.

MP3 듣기
VOCA TEST

📅 DATE Monday, January 5   ☀ WEATHER Sunny

My name is Jihye Han. My birthday is June 3. I was born in Gwangju. I live in Seoul now. I am a Seoul Elementary School student. I have a father, mother, and younger brother. I like autumn. My best friend is Hwan.

내 이름은 한지혜이다. 내 생일은 6월 3일이다. 나는 광주에서 태어났다. 현재 나는 서울에 살고 있다. 나는 서울초등학교 학생이다. 나는 아빠, 엄마, 남동생이 있다. 나는 가을을 좋아한다. 나의 가장 친한 친구는 환이다.

 Words **name** 이름 **birthday** 생일 **be born** 태어나다 **live** 살다 **elementary school** 초등학교 **student** 학생 **autumn** 가을 **best friend** 가장 친한 친구

8

 **나만의 일기 쓰기**

옆의 일기를 활용해서 자신만의 일기를 써 보세요.
어렵다면 그대로 따라 써 보는 것도 좋아요. 일기를 다 쓴 후에는 큰 소리로 읽어 보세요.

 DATE

 WEATHER

Talk about yourself.

My name is

다음과 같이 시작해 보세요.

➡ My name is Mike. 나의 이름은 마이크이다.

➡ My birthday is June 1. 내 생일은 6월 1일이다.

➡ I was born in Busan. 나는 부산에서 태어났다.

DAY 002

Describe your face.

당신의 얼굴을 묘사해 보세요.

🎧 MP3 듣기
VOCA TEST

📅 **DATE** Friday, January 9   ☀ **WEATHER** Cold

My face is round. My eyebrows are thick and dark. I like my eyebrows. My eyes are big and bright. My nose is long and high. I'm tall and thin. My lips are thick, and my teeth are white. I can eat a lot because my mouth is big.

내 얼굴은 동그랗다. 내 눈썹은 굵고 짙다. 나는 내 눈썹이 좋다. 내 눈은 크고 빛이 난다. 내 코는 길고 오뚝하다. 나는 키가 크고 말랐다. 내 입술은 두껍고 이는 하얗다. 나는 입이 커서 많이 먹을 수 있다.

 Words　**describe** 묘사하다　**face** 얼굴　**round** 둥근　**eyebrow** 눈썹　**thick** 두꺼운, 굵은
dark 어두운, 짙은　**eye** 눈　**bright** 빛나는　**nose** 코　**lip** 입술　**teeth** 이　**mouth** 입

나만의 일기 쓰기

옆의 일기를 활용해서 자신만의 일기를 써 보세요.
어렵다면 그대로 따라 써 보는 것도 좋아요. 일기를 다 쓴 후에는 큰 소리로 읽어 보세요.

 DATE   WEATHER

Describe your face.

My face is

다음과 같이 시작해 보세요.

➡ My face is red. 내 얼굴은 빨갛다.
➡ My face is big. 내 얼굴은 크다.
➡ My face is small. 내 얼굴은 작다.

DAY 003

What is your nickname?
당신의 별명은 무엇인가요?

🎧 MP3 듣기
VOCA TEST

📅 **DATE** Saturday, January 13   ☀ **WEATHER** Windy

My nickname is Giraffe because I'm tall. I have a long neck and long legs. Another nickname is Chopsticks because I have long arms. My friends call me when they see chopsticks. It is fun when my friends call me by my nickname. I feel closer to my friends.

내 별명은 기린이다. 왜냐하면 키가 크기 때문이다. 나는 목이랑 다리가 길다. 또 다른 별명은 젓가락이다. 왜냐하면 나는 긴 팔을 갖고 있기 때문이다. 친구들은 젓가락을 볼 때면 나를 부른다. 친구들이 내 별명을 부르면 재밌다. 나는 친구들과 더 가깝게 느껴진다.

Words   **nickname** 별명   **giraffe** 기린   **tall** 키가 큰   **long** 긴   **neck** 목   **leg** 다리
another 또 다른   **chopstick** 젓가락   **arm** 팔   **fun** 재미있는   **closer** 더 가까운

 **나만의 일기 쓰기**

옆의 일기를 활용해서 자신만의 일기를 써 보세요.
어렵다면 그대로 따라 써 보는 것도 좋아요. 일기를 다 쓴 후에는 큰 소리로 읽어 보세요.

📅 DATE ☀ WEATHER

What is your nickname?

My nickname is

다음과 같이 시작해 보세요.

➡ My nickname is Bear. 내 별명은 곰이다.
➡ My nickname is Tree. 내 별명은 나무이다.
➡ My nickname is Rabbit. 내 별명은 토끼다.

What is your strong point?
당신의 장점은 무엇인가요?

🎧 MP3 듣기
VOCA TEST

 DATE Wednesday, January 17 **WEATHER** Sunny

My strong point is **my loud voice. I am a good speaker.** The teachers always praise my loud voice. In P.E. class, I shout out commands in front of my friends. My friends listen to my voice. We do the same stretching. When my friends are far away, I shout. They gather in one place.

나의 장점은 큰 목소리이다. 나는 발표를 잘한다. 선생님은 나의 큰 목소리를 항상 칭찬한다. 체육 시간에 나는 친구들 앞에서 구령을 외친다. 친구들이 내 목소리를 듣는다. 우리는 같은 스트레칭을 한다. 친구들이 멀리 있을 때, 나는 외친다. 그들은 한 자리에 모인다.

 strong point 장점   **loud** 큰   **voice** 목소리   **speaker** 발표자   **teacher** 선생님
praise 칭찬하다   **P.E.(Physical Education)** 체육   **shout** 외치다, 큰 소리로 말하다
command 구호   **in front of** ~의 앞에   **same** 같은   **far away** 먼 곳에   **gather** 모이다

나만의 일기 쓰기

옆의 일기를 활용해서 자신만의 일기를 써 보세요.
어렵다면 그대로 따라 써 보는 것도 좋아요. 일기를 다 쓴 후에는 큰 소리로 읽어 보세요.

 DATE _____   WEATHER _____

What is your strong point?

My strong point is ....

....

....

....

....

....

....

....

다음과 같이 시작해 보세요.

➡ My strong point is my handsome face. 나의 장점은 잘생긴 얼굴이다.

➡ My strong point is height. 나의 장점은 키이다.

➡ My strong point is honesty. 나의 장점은 정직함이다.

DAY 005

What is your weakness?
당신의 약점은 무엇인가요?

🎧 MP3 듣기
VOCA TEST

📅 DATE Tuesday, January 22   ☼ WEATHER Cloudy

My weakness is speaking fast. I'm a fast talker. Sometimes, my friends can't understand me. I say the same thing twice. I practice speaking. I look at the clock and speak slowly. I practice reading aloud. I will overcome my weakness. I'll be a great person.

나의 약점은 말을 빨리하는 것이다. 나는 말이 빠르다. 가끔 친구들이 나를 이해하지 못한다. 나는 같은 것을 두 번 말한다. 나는 말하는 것을 연습한다. 나는 시계를 보고 천천히 말한다. 소리 내어 책 읽는 연습을 한다. 나는 약점을 고칠 것이다. 멋진 사람이 될 것이다.

Words **weakness** 약점 **fast** 빠른 **talker** 이야기하는 사람 **sometimes** 때때로, 가끔
understand 이해하다 **twice** 두 번 **practice** 연습하다 **clock** 시계 **slowly** 천천히
read aloud 낭독하다 **overcome** 극복하다 **great** 훌륭한

 **나만의 일기 쓰기**

옆의 일기를 활용해서 자신만의 일기를 써 보세요.
어렵다면 그대로 따라 써 보는 것도 좋아요. 일기를 다 쓴 후에는 큰 소리로 읽어 보세요.

📅 DATE ☀ WEATHER

What is your weakness?

My weakness is ....

....

....

....

....

....

....

....

다음과 같이 시작해 보세요.

➡ My weakness is speaking slowly. 나의 약점은 말을 느리게 하는 것이다.

➡ My weakness is being lazy. 나의 약점은 게으름이다.

➡ My weakness is being messy. 나의 약점은 지저분한 것이다.

Do you have any habits?
어떤 습관이 있나요?

🎧 MP3 듣기
VOCA TEST

📅 DATE Monday, January 27   ☀ WEATHER Snowy

I have a habit of biting my nails. It's a bad habit. My nails get ugly. There are a lot of germs on my nails. I want to stop it, but it's hard. My dad, mom and sister are helping me. I will keep trying. I believe I can stop it someday.

나는 손톱을 물어뜯는 습관이 있다. 나쁜 습관이다. 손톱이 못생겨진다. 손톱에는 세균이 많이 있다. 나는 그것을 그만하고 싶지만, 어렵다. 아빠, 엄마, 누나가 나를 도와주고 있다. 나는 계속해서 시도할 것이다. 나는 언젠간 멈출 수 있을 거라고 믿는다.

 Words   **habit** 습관   **bite** 깨물다   **(finger)nail** 손톱   **bad** 나쁜   **ugly** 못생긴   **germ** 세균
stop 그만하다   **hard** 어려운, 힘든   **help** 돕다   **keep -ing** 계속해서 ~하다
try 시도하다   **believe** 믿다   **someday** 언젠가

 **나만의 일기 쓰기**

옆의 일기를 활용해서 자신만의 일기를 써 보세요.
어렵다면 그대로 따라 써 보는 것도 좋아요. 일기를 다 쓴 후에는 큰 소리로 읽어 보세요.

📅 DATE

 ☀ WEATHER

Do you have any habits?

I have a habit of

다음과 같이 시작해 보세요.

➡ I have a habit of staying up late. 나는 늦게 자는 습관이 있다.

➡ I have a habit of winking. 나는 윙크를 하는 습관이 있다.

➡ I have a habit of picking my nose. 나는 코를 파는 습관이 있다.

DAY 007

Do you have a secret?
비밀을 가지고 있나요?

🎧 MP3 듣기
VOCA TEST

📅 **DATE** Sunday, January 30 　　 ☀ **WEATHER** Foggy

I have a secret. I like my classmate Hwan. This is a real secret. I told my best friend about the secret. Hwan is tall and handsome. I will give him some chocolate on Valentine's Day. I will also write him a letter. I hope Hwan will be happy. I'm already nervous.

나에게 비밀이 하나 있다. 나는 반 친구 환이를 좋아한다. 이건 진짜 비밀이다. 나는 가장 친한 친구에게 비밀에 대해 말했다. 환이는 키가 크고 잘생겼다. 나는 밸런타인데이에 초콜릿을 줄 것이다. 나는 편지도 줄 것이다. 환이가 기뻐했으면 좋겠다. 나는 벌써 떨린다.

Valentine's day

Words **secret** 비밀 　**classmate** 급우, 반 친구 　**real** 진짜 　**tall** 키가 큰 　**handsome** 잘생긴
chocolate 초콜릿 　**letter** 편지 　**hope** 바라다 　**already** 이미 　**nervous** 긴장한

나만의 일기 쓰기

옆의 일기를 활용해서 자신만의 일기를 써 보세요.
어렵다면 그대로 따라 써 보는 것도 좋아요. 일기를 다 쓴 후에는 큰 소리로 읽어 보세요.

 DATE   **WEATHER**

Do you have a secret?

I have a secret.

다음과 같이 시작해 보세요.

➡ I can keep secrets. 나는 비밀을 지킬 수 있다.

➡ I have many secrets. 나는 비밀이 많다.

➡ I don't have secrets. 나는 비밀이 없다.

DAY 008

Where are you now?
지금 어디에 있나요?

🎧 MP3 듣기
VOCA TEST

📅 **DATE** Monday, February 3   ☀ **WEATHER** Sunny

I'm in the living room now. I'm doing my homework. The living room is a pleasant place. My family does many things in the living room. My dad reads a book, my mom writes a book, my older sister studies, and my younger brother draws. I'm happy when I am in the living room with my family.

나는 지금 거실에 있다. 나는 숙제를 하고 있다. 거실은 기분이 좋은 공간이다. 나의 가족은 거실에서 많은 것을 한다. 아빠는 책을 읽고, 엄마는 책을 쓰고, 누나는 공부를 하고, 남동생은 그림을 그린다. 나는 우리 가족과 거실에 있을 때 행복하다.

Words **where** 어디에 **living room** 거실 **homework** 숙제 **pleasant** 기분 좋은
place 장소 **write** (글을) 쓰다 **paint** (그림을) 그리다, 색칠하다

 **나만의 일기 쓰기**

옆의 일기를 활용해서 자신만의 일기를 써 보세요.
어렵다면 그대로 따라 써 보는 것도 좋아요. 일기를 다 쓴 후에는 큰 소리로 읽어 보세요.

 DATE

 WEATHER

Where are you now?

I'm in the

다음과 같이 시작해 보세요.

➡ I'm in the bathroom. 나는 화장실에 있다.

➡ I'm in the kitchen. 나는 주방에 있다.

➡ I'm in the library. 나는 도서관에 있다.

DAY 009

What do you do at school break time?

학교 쉬는 시간에 무엇을 하나요?

MP3 듣기
VOCA TEST

📅 DATE Tuesday, February 8   ☼ WEATHER Sunny

I play with my friends during school break time. I usually play with slime. I can make a lot of things with slime. It feels good when I touch slime. Slime has beautiful colors. Time flies when I play with slime. School break time is too short.

나는 학교 쉬는 시간에 친구들과 함께 논다. 나는 주로 슬라임을 가지고 논다. 나는 슬라임으로 많은 것을 만들 수 있다. 슬라임을 만지면 느낌이 좋다. 슬라임은 색깔이 아름답다. 슬라임으로 놀다 보면 시간가는 줄 모른다. 학교 쉬는 시간은 너무 짧다.

 Words

break time 쉬는 시간   **friend** 친구   **during** ~하는 동안에   **usually** 주로
slime 슬라임   **touch** 만지다   **beautiful** 아름다운   **time flies** 시간이 빠르다
short 짧은

 **나만의 일기 쓰기**

옆의 일기를 활용해서 자신만의 일기를 써 보세요.
어렵다면 그대로 따라 써 보는 것도 좋아요. 일기를 다 쓴 후에는 큰 소리로 읽어 보세요.

📅 DATE	☀ WEATHER

What do you do at school break time?

I play with ....

....

....

....

....

....

....

....

다음과 같이 시작해 보세요.

- ➡ I play with mud. 나는 진흙을 가지고 논다.
- ➡ I play with clay. 나는 찰흙을 가지고 논다.
- ➡ I play with paper. 나는 종이를 가지고 논다.

DAY 010

What does your teacher look like?

당신의 선생님은 어떤 모습인가요?

MP3 듣기
VOCA TEST

📅 **DATE** Thursday, February 12   ☀ **WEATHER** Windy

My teacher looks like a princess. She has long hair. She is tall. She always smiles. She often wears a dress. Her dress has many colors and patterns. She is popular with her students. I really like my teacher.

우리 선생님은 공주님같이 생겼다. 그녀는 긴 머리를 갖고 있다. 그녀는 키가 크다. 그녀는 항상 웃는다. 그녀는 자주 원피스를 입는다. 그녀의 원피스는 많은 색깔과 무늬가 있다. 그녀는 학생들에게 인기가 많다. 나는 선생님이 정말 좋다.

 Words **look like** ~인 것처럼 보이다   **princess** 공주   **long** 긴   **always** 언제나
smile 웃다, 미소 짓다   **often** 자주   **wear** ~을 입다   **dress** 원피스   **color** 색깔
pattern 무늬   **popular** 인기 있는

26

 **나만의 일기 쓰기**

옆의 일기를 활용해서 자신만의 일기를 써 보세요.
어렵다면 그대로 따라 써 보는 것도 좋아요. 일기를 다 쓴 후에는 큰 소리로 읽어 보세요.

 DATE _____　 WEATHER _____

What does your teacher look like?

My teacher looks like ....

....

....

....

....

....

....

다음과 같이 시작해 보세요.

➡ She looks like a cat. 그녀는 고양이처럼 생겼다.
➡ She looks like my mom. 그녀는 우리 엄마처럼 생겼다.
➡ She looks like a puppy. 그녀는 강아지처럼 생겼다.

What do you have in your backpack?

당신의 책가방에는 무엇이 있나요?

📅 DATE Friday, February 16   ☀ WEATHER Sunny

There are three books in my backpack. They are textbooks used in school. One is a Korean textbook, another is a math textbook, and the other is an English textbook. I also have a pencil case, a water bottle, and a smartphone in my backpack. I used them in school today.

내 책가방에는 책이 3권 있다. 그것들은 학교에서 사용하는 교과서이다. 하나는 국어 교과서이고, 다른 하나는 수학 교과서, 마지막 하나는 영어 교과서이다. 내 책가방에는 필통, 물통 그리고 스마트폰도 있다. 나는 오늘 학교에서 그것들을 사용했다.

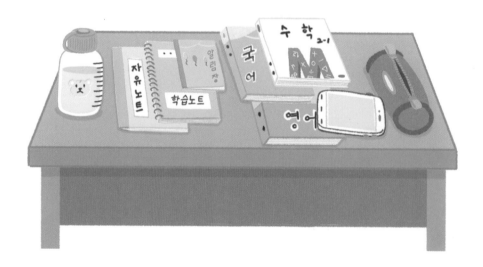

 Words   **backpack** 책가방   **textbook** 교과서   **use** 사용하다   **Korean** 국어   **math** 수학
English 영어   **pencil case** 필통   **bottle** 병

나만의 일기 쓰기

옆의 일기를 활용해서 자신만의 일기를 써 보세요.
어렵다면 그대로 따라 써 보는 것도 좋아요. 일기를 다 쓴 후에는 큰 소리로 읽어 보세요.

 DATE   WEATHER

What do you have in your backpack?

There are

다음과 같이 시작해 보세요.

➡ **There are** three balls. 공이 3개 있다.

➡ **There are** four notebooks. 공책이 4권 있다.

➡ **There are** five pencils. 연필이 5자루 있다.

DAY 012

What club are you in?
당신이 가입한 동아리는 무엇인가요?

🎧 MP3 듣기
VOCA TEST

📅 **DATE** Thursday, February 12　☀ **WEATHER** Sunny

I'm in a **cooking club**. I have a cooking lesson once a week. Last time, I learned how to make sandwiches. I put a piece of bread at the bottom. I put many things on the bread such as ham, cheese, fried egg, tomato, and jam. It was fun. I made sandwiches again at home today.

나는 요리 동아리를 한다. 나는 일주일에 한 번씩 요리 수업이 있다. 저번 시간에는 샌드위치를 만드는 방법을 배웠다. 빵을 아래에 놓았다. 빵 위에 햄, 치즈, 달걀프라이, 토마토, 잼과 같은 여러 가지 것을 올렸다. 그것은 재미있었다. 오늘 집에서 샌드위치를 다시 만들었다.

 Words　cook 요리하다　club 동아리　lesson 수업　once a week 일주일에 한 번　last time 지난번　learn 배우다　how to ~하는 방법　sandwich 샌드위치　bread 빵　bottom 바닥　such as 예를 들어, ~와 같은　ham 햄　cheese 치즈　tomato 토마토　jam 잼

30

 **나만의 일기 쓰기**

옆의 일기를 활용해서 자신만의 일기를 써 보세요.
어렵다면 그대로 따라 써 보는 것도 좋아요. 일기를 다 쓴 후에는 큰 소리로 읽어 보세요.

 DATE _____ WEATHER _____

What club are you in?

I'm in a ....

....

....

....

....

....

....

다음과 같이 시작해 보세요.

➡ I'm in a piano club. 나는 피아노 동아리를 한다.

➡ I'm in a soccer club. 나는 축구 동아리를 한다.

➡ I'm in a math club. 나는 수학 동아리를 한다.

DAY 013

When do you have the most fun at school?

학교에서 언제 가장 즐겁나요?

MP3 듣기
VOCA TEST

📅 DATE Tuesday, February 17   ☀ WEATHER Cloudy

The most fun time is **P.E. class.** I wear gym clothes. I go to the playground. Students do warm-up exercises. I pick up the badminton racket. I play badminton with my friend. After playing badminton, I get sweaty. I really like P.E. class.

가장 재미있는 시간은 체육 시간이다. 나는 체육복을 입는다. 나는 운동장에 간다. 학생들은 준비 운동을 한다. 배드민턴 채를 든다. 나는 친구와 배드민턴을 친다. 배드민턴을 치고 나면, 땀에 젖는다. 나는 체육 시간이 정말 좋다.

Words **most** 가장   **fun** 즐거운   **P.E.(Physical Education)** 체육 수업   **wear** ~을 입다
gym clothes 운동복   **playground** 운동장   **do warm-up exercises** 준비 운동을 하다
pick up (손으로) 집다   **badminton** 배드민턴   **racket** 라켓   **sweaty** 땀에 젖은

32

 **나만의 일기 쓰기**

옆의 일기를 활용해서 자신만의 일기를 써 보세요.
어렵다면 그대로 따라 써 보는 것도 좋아요. 일기를 다 쓴 후에는 큰 소리로 읽어 보세요.

 DATE

 WEATHER

When do you have the most fun at school?

The most fun time is

다음과 같이 시작해 보세요.

→ The most fun time is English class. 가장 재미있는 시간은 영어 수업 시간이다.

→ The most fun time is Art class. 가장 재미있는 시간은 미술 수업 시간이다.

→ The most fun time is Korean class. 가장 재미있는 시간은 국어 수업 시간이다.

DAY 014
What will you do if you become a teacher?
만약 선생님이 된다면 무엇을 할 것인가요?

🎧 MP3 듣기
VOCA TEST

📅 DATE Saturday, February 23   ☀ WEATHER Clear

If I become a teacher, I will do P.E. class all day. I really like P.E. class. The first class will be dodge ball. The second class will be soccer. The third class will be baseball. The fourth class will be frisbee. We will have a snack party at lunchtime. The last class will be free time.

만약 내가 선생님이 된다면 하루 종일 체육 수업을 할 것이다. 나는 체육 수업이 정말 좋다. 1교시는 피구, 2교시는 축구, 3교시는 야구, 4교시는 프리스비(던지기를 하고 놀 때 쓰는 플라스틱 원반)를 할 것이다. 우리는 점심시간에는 과자 파티를 할 것이다. 마지막은 자유 시간일 것이다.

Words become ~이 되다   P.E.(Physical Education) 체육   dodge ball 피구
soccer 축구   baseball 야구   snack 간식   lunchtime 점심시간

34

나만의 일기 쓰기

옆의 일기를 활용해서 자신만의 일기를 써 보세요.
어렵다면 그대로 따라 써 보는 것도 좋아요. 일기를 다 쓴 후에는 큰 소리로 읽어 보세요.

 DATE   WEATHER

What will you do if you become a teacher?

If I become

다음과 같이 시작해 보세요.

➡ If I become a doctor, I will cure sick people. 의사가 된다면, 아픈 사람들을 치료할 것이다.

➡ If I become a lawyer, I will defend the poor. 변호사가 된다면, 가난한 사람들을 변호할 것이다.

➡ If I become an entertainer, I will dance every day. 연예인이 된다면, 나는 매일 춤을 출 것이다.

DAY 015

What if there is no school?
만약 학교가 없다면 어떨까요?

🎧 MP3 듣기
VOCA TEST

 DATE Monday, February 25    **WEATHER** Clear

There is no place to meet friends. I won't be able to meet various friends. I'll be depressed and bored. I will oversleep every day. I will be lazy.
I have to go to the academy every day. I hope the school doesn't disappear.

친구들을 만날 장소가 없어진다. 나는 다양한 친구들을 만날 수 없을 것이다. 나는 우울하고 지루할 것이다. 매일 늦잠을 잘 것이다. 나는 게을러질 것이다. 나는 매일 학원을 가야할 것이다. 나는 학교가 없어지지 않았으면 좋겠다.

 Words   **what if** ~라면 어떻게 될까?   **meet** 만나다   **be able to** ~할 수 있다   **various** 다양한
depressed 우울한   **bored** 지루한   **oversleep** 늦잠을 자다   **lazy** 게으른
have to ~해야 한다   **academy** 학원   **disappear** 사라지다

36

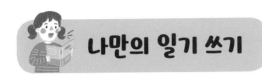 **나만의 일기 쓰기**

옆의 일기를 활용해서 자신만의 일기를 써 보세요.
어렵다면 그대로 따라 써 보는 것도 좋아요. 일기를 다 쓴 후에는 큰 소리로 읽어 보세요.

 DATE _____   WEATHER _____

What if there is no school?

There is no place to ....

....

....

....

....

....

....

_____

다음과 같이 시작해 보세요.

➡ There is no place to meet. 만날 곳이 없다.
➡ There is no place to talk. 이야기할 곳이 없다.
➡ There is no place to study. 공부할 곳이 없다.

What if there is no exam in school?
만약 시험이 사라진다면 어떨까요?

🎧 MP3 듣기
VOCA TEST

📅 DATE Monday, March 3   ☀ WEATHER Sunny

If there is no exam, I'll be happy. I don't have to study hard. My mom tells me to study every day. I don't like math. Math is too difficult. When I solve math problems, I get stressed. If there is no exam, my stress will go away. I will only do what I want to do.

만약 시험이 없다면, 나는 행복할 것이다. 나는 공부를 열심히 할 필요가 없다. 엄마는 내게 공부하라고 매일 말한다. 나는 수학이 싫다. 수학은 너무 어렵다. 수학 문제를 풀 때, 나는 스트레스를 받는다. 만약 시험이 없다면, 내 스트레스는 사라질 것이다. 나는 내가 하고 싶은 것만 할 것이다.

Words exam 시험 study 공부하다 hard 열심히 difficult 어려운 solve 해결하다
Math 수학 problem 문제 get stressed 스트레스를 받다 go away 없어지다
only (오직/단지)...만

나만의 일기 쓰기

옆의 일기를 활용해서 자신만의 일기를 써 보세요.
어렵다면 그대로 따라 써 보는 것도 좋아요. 일기를 다 쓴 후에는 큰 소리로 읽어 보세요.

 DATE _____   WEATHER _____

What if there is no exam in school?

If there is no exam, _____

_____

_____

_____

_____

_____

_____

_____

다음과 같이 시작해 보세요.

➡ If there is no homework, I'll watch TV. 만약 숙제가 없다면, 나는 TV를 볼 것이다.

➡ If there is no academy, I'll feel good. 만약 학원이 없다면, 나는 기분 좋을 것이다.

➡ If there is no rule, I'll be free. 만약 규칙이 없다면, 나는 자유로울 것이다.

 DATE Tuesday, March 8    **WEATHER** Warm

I ask questions with **confidence**. When I was in **first grade**, I was too **shy**. I couldn't **speak** in front of my friends. I wanted to speak aloud in front of many people. So I **practiced** speaking to my family at home. Now, I can ask questions with confidence.

나는 자신 있게 질문을 한다. 내가 1학년이었을 때, 나는 너무 수줍었다. 나는 친구들 앞에서 말을 못했다. 나는 많은 사람들 앞에서 큰 소리로 말하고 싶었다. 그래서 나는 집에서 가족에게 말하는 연습을 했다. 지금 나는 자신 있게 질문할 수 있다.

 Words   **ask** 묻다   **question** 질문   **confidence** 자신감   **first grade** 1학년
shy 수줍음을 많이 타는   **speak** 말하다   **in front of** ~앞에   **practice** 연습하다

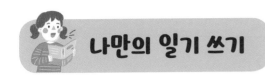 **나만의 일기 쓰기**

옆의 일기를 활용해서 자신만의 일기를 써 보세요.
어렵다면 그대로 따라 써 보는 것도 좋아요. 일기를 다 쓴 후에는 큰 소리로 읽어 보세요.

 DATE

 WEATHER

Do you ask questions at school?

I ask questions with

다음과 같이 시작해 보세요.

➡ I ask questions with joy. 나는 기쁘게 질문을 한다.

➡ I ask questions in a loud voice. 나는 큰 소리로 질문을 한다.

➡ I ask questions very often. 나는 자주 질문을 한다.

DAY 018

Why do you study?
왜 공부를 하나요?

🎧 MP3 듣기
VOCA TEST

📅 DATE Thursday, March 15   ☀ WEATHER Sunny

I want to **achieve my dream. My dream is to become a teacher. Teachers speak well. I study Korean to develop the ability to speak. By studying Korean, I can develop my ability to think and express.**

나는 내 꿈을 이루고 싶다. 내 꿈은 선생님이 되는 것이다. 선생님들은 말을 잘한다. 나는 말하는 능력을 기르기 위해 국어를 공부한다. 국어 공부를 하면 생각하고 표현하는 능력을 기를 수 있다.

 Words   **study** 공부하다   **achieve** 성취하다   **dream** 꿈   **ability** 능력   **by -ing** ~함으로써
Korean 국어   **develop** 개발하다, 발전시키다   **express** 표현하다

 **나만의 일기 쓰기**

옆의 일기를 활용해서 자신만의 일기를 써 보세요.
어렵다면 그대로 따라 써 보는 것도 좋아요. 일기를 다 쓴 후에는 큰 소리로 읽어 보세요.

 DATE   **WEATHER**

Why do you study?

I want to ....

....

....

....

....

....

....

다음과 같이 시작해 보세요.

➡ I want to achieve success. 나는 성공하고 싶다.

➡ I want to achieve my goal. 나는 목표를 이루고 싶다.

➡ I want to achieve my wish. 나는 소원을 이루고 싶다.

🎧 MP3 듣기
VOCA TEST

 DATE Friday, March 18    ☼ **WEATHER** Sunny

Go straight and turn left. Go straight two blocks and turn right. Cross the crosswalk. Go one more block. Turn right at the corner. The green building in front of you is the school. My school is big. There are three gates.

직진한 뒤 왼쪽으로 돈다. 두 블록 직진하고 오른쪽으로 돈다. 횡단보도를 건넌다. 한 블록을 더 간다. 모퉁이에서 오른쪽으로 돈다. 앞에 보이는 초록색 건물이 학교다. 내 학교는 크다. 문이 세 개다.

 Words　**straight** 일직선으로　**turn** 돌다　**left** 왼쪽으로　**right** 오른쪽으로　**crosswalk** 횡단보도
corner 모퉁이　**in front of** ~의 앞에　**gate** 정문, 출입구　**near** ~에서 가까이

 **나만의 일기 쓰기**

옆의 일기를 활용해서 자신만의 일기를 써 보세요.
어렵다면 그대로 따라 써 보는 것도 좋아요. 일기를 다 쓴 후에는 큰 소리로 읽어 보세요.

 DATE
☼ WEATHER

Where is the school from your house?

Go straight

다음과 같이 시작해 보세요.

➡ Go straight and turn left. 직진한 뒤 왼쪽으로 돈다.
➡ Go straight and turn right. 직진한 뒤 오른쪽으로 돈다.
➡ Go two blocks and turn right. 두 블록 가서 오른쪽으로 돈다.

45

DAY 020

Explain your deskmate.
짝꿍에 대해 설명해 보세요.

🎧 MP3 듣기
VOCA TEST

📅 DATE　Sunday, March 24　　☀ WEATHER　Rainy

My deskmate is good at math. She helps me with math problems. She is very kind. Her hobby is reading books. She has a pretty smile. She always smiles. I really like my deskmate. Her name is Jihye. I hope she will be my partner again.

내 짝꿍은 수학을 아주 잘한다. 그녀는 내게 수학 문제를 가르쳐준다. 그녀는 매우 친절하다. 그녀의 취미는 책 읽기이다. 그녀는 예쁜 미소를 가지고 있다. 그녀는 항상 웃는다. 나는 내 짝꿍이 정말 좋다. 그녀의 이름은 지혜이다. 나는 그녀가 또 내 짝꿍이 되면 좋겠다.

Words　deskmate 짝꿍　be good at ~을 잘하다　math 수학　help with ~하는 것을 돕다
kind 친절한　hobby 취미　pretty 예쁜　smile 미소　hope 바라다　again 다시

 **나만의 일기 쓰기**

옆의 일기를 활용해서 자신만의 일기를 써 보세요.
어렵다면 그대로 따라 써 보는 것도 좋아요. 일기를 다 쓴 후에는 큰 소리로 읽어 보세요.

 DATE   WEATHER

Explain your deskmate.

My deskmate is

....

....

....

....

....

....

다음과 같이 시작해 보세요.

➡ My deskmate is good at English. 내 짝꿍은 영어를 잘한다.

➡ My deskmate is good at dancing. 내 짝꿍은 춤을 잘 춘다.

➡ My deskmate is good at drawing. 내 짝꿍은 그림을 잘 그린다.

DAY 021

What do you do when you meet a friend?
친구를 만나면 무엇을 하나요?

🎧 MP3 듣기
VOCA TEST

 DATE Thursday, March 30    **WEATHER** Sunny

When I meet my friend, we go bike-riding. We ride our bikes in the park. My bike is red. My friend's bike is blue. Riding a bike makes me feel happy. After riding our bikes, we go to a convenience store. We drink cool water. I'm really happy when I am with my friend.

나는 친구를 만나면 자전거를 탄다. 우리는 공원에서 자전거를 탄다. 내 자전거는 빨간색이다. 친구의 자전거는 파란색이다. 자전거를 타면 기분이 좋아진다. 자전거를 탄 후, 우리는 편의점에 간다. 우리는 시원한 물을 마신다. 나는 친구와 함께 있을 때 정말 행복하다.

 meet 만나다   **ride** 타다   **bike** 자전거   **park** 공원   **happy** 행복한
convenience store 편의점   **drink** 마시다

48

 **나만의 일기 쓰기**

옆의 일기를 활용해서 자신만의 일기를 써 보세요.
어렵다면 그대로 따라 써 보는 것도 좋아요. 일기를 다 쓴 후에는 큰 소리로 읽어 보세요.

 DATE _____   WEATHER _____

What do you do when you meet a friend?

When I meet my friend, we ....

....

....

....

....

....

....

다음과 같이 시작해 보세요.

➡ When I meet my friend, we play basketball. 친구를 만나면 농구를 한다.

➡ When I meet my friend, we play computer games. 친구를 만나면 컴퓨터 게임을 한다.

➡ When I meet my friend, we eat ice cream. 친구를 만나면 아이스크림을 먹는다.

What kind of friend do you like?
어떤 친구를 좋아하나요?

🎧 MP3 듣기
VOCA TEST

📅 **DATE** Saturday, April 5 ☀ **WEATHER** Clear

I like funny friends. I feel good when they are around. When I see their smiling faces, I can speak better. It's fun to talk with funny friends. Funny friends are positive. I will laugh a lot. I will be a funny friend, too.

나는 재밌는 친구가 좋다. 나는 그들과 함께 있을 때 기분이 좋다. 그들의 웃는 얼굴을 볼 때, 나는 이야기를 더 잘할 수 있다. 재밌는 친구와 이야기하는 건 재밌다. 재밌는 친구는 긍정적이다. 나는 많이 웃을 것이다. 나도 재밌는 친구가 될 것이다.

Words **friend** 친구 **funny** 재미있는 **feel** 느끼다 **good** 좋은 **around** 주변에 있는
smile 미소 짓다 **speak** 말하다 **positive** 긍정적인 **laugh** (소리 내어) 웃다

 **나만의 일기 쓰기**

옆의 일기를 활용해서 자신만의 일기를 써 보세요.
어렵다면 그대로 따라 써 보는 것도 좋아요. 일기를 다 쓴 후에는 큰 소리로 읽어 보세요.

 DATE _____   WEATHER _____

What kind of friend do you like?

I like ....

....

....

....

....

....

....

다음과 같이 시작해 보세요.

➡ I like active friends. 나는 활동적인 친구가 좋다.
➡ I like positive friends. 나는 긍정적인 친구가 좋다.
➡ I like healthy friends. 나는 건강한 친구가 좋다.

51

DAY 023

Have you ever fought with a friend?
친구와 싸운 적이 있나요?

🎧 MP3 듣기
VOCA TEST

📅 DATE Thursday, April 9   ☀ WEATHER Warm

I had a fight with my best friend because he was late. I had to wait for him for a long time, so I was angry. He said he was sorry. I said I was okay and forgave him. We got closer. He is never late again.

나는 가장 친한 친구와 싸운 적이 있다. 왜냐하면 그가 늦었기 때문이다. 나는 오랫동안 그를 기다려야 해서 화가 났다. 그는 미안하다고 말했다. 나는 괜찮다고 말했고 그를 용서했다. 우리는 더 친해졌다. 그는 절대 다시는 늦지 않는다.

Words **fight** 싸우다   **late** 늦은   **wait for** ~을 기다리다   **for a long time** 오랫동안   **angry** 화난   **forgive** 용서하다   **never** 절대   **again** 다시

옆의 일기를 활용해서 자신만의 일기를 써 보세요.
어렵다면 그대로 따라 써 보는 것도 좋아요. 일기를 다 쓴 후에는 큰 소리로 읽어 보세요.

 DATE

 ☀ **WEATHER**

Have you ever fought with a friend?

I had a fight with ....

....

....

....

....

....

....

다음과 같이 시작해 보세요.

➡ I had a fight with my cousin. 나는 사촌과 싸운 적이 있다.

➡ I had a fight with my sister. 나는 언니와 싸운 적이 있다.

➡ I had a fight with my mom. 나는 엄마와 싸운 적이 있다.

DAY 024

Have you ever been so angry?

아주 화가 난 적이 있나요?

🎧 MP3 듣기
VOCA TEST

📅 DATE   Wednesday, April 12   ☀ WEATHER   Sunny

Something big happened with my friend yesterday. We planned to hang out at the playground. When I went there, she was playing with another friend. I tried to talk to her, but she didn't answer me. I was really annoyed.

내 친구와 어제 큰일이 있었다. 우리는 놀이터에서 만나서 놀기로 했다. 내가 그곳에 갔을 때, 그녀는 다른 친구와 놀고 있었다. 나는 그녀와 이야기하려 했지만, 그녀는 대답하지 않았다. 나는 정말 짜증났다.

 Words   **happen** 일어나다   **plan** 계획하다   **hang out** 놀다   **playground** 놀이터
another 다른   **answer** 대답하다   **annoyed** 짜증이 난

54

 **나만의 일기 쓰기**

옆의 일기를 활용해서 자신만의 일기를 써 보세요.
어렵다면 그대로 따라 써 보는 것도 좋아요. 일기를 다 쓴 후에는 큰 소리로 읽어 보세요.

 DATE ☼ **WEATHER**

Have you ever been so angry?

Something big happened with ....

....

....

....

....

....

....

....

다음과 같이 시작해 보세요.

➡ Something big happened with my mom. 엄마와 큰일이 있었다.
➡ Something big happened with my brother. 오빠와 큰일이 있었다.
➡ Something big happened with my teacher. 선생님과 큰일이 있었다.

Describe your dad.

당신의 아버지를 설명해 보세요.

MP3 듣기
VOCA TEST

📅 DATE   Friday, April 16   ☼ WEATHER   Cloudy

My dad has a big nose. He has big ears. He is a good listener. I talk a lot with him. He is tall. He is 180 centimeters tall. His foot size is 270 millimeters. He likes sports. We often play soccer together. He has a lot of muscles.

아빠는 큰 코를 가지고 있다. 그는 큰 귀를 가지고 있다. 그는 이야기를 잘 들어준다. 나는 아빠와 이야기를 많이 한다. 그는 키가 크다. 그의 키는 180cm이다. 그의 발 사이즈는 270mm이다. 그는 운동을 좋아한다. 우리는 축구를 자주 한다. 그는 몸에 근육이 많다.

Words   describe 묘사하다   nose 코   ear 귀   talk 말하다   tall 키가 큰   foot 발
sport 운동   soccer 축구   muscle 근육

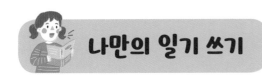

옆의 일기를 활용해서 자신만의 일기를 써 보세요.
어렵다면 그대로 따라 써 보는 것도 좋아요. 일기를 다 쓴 후에는 큰 소리로 읽어 보세요.

📅 DATE ☀ WEATHER

Describe your dad.

My dad has

➡ My dad has short hair. 아빠는 머리가 짧다.

➡ My dad wears glasses. 아빠는 안경을 쓴다.

➡ My dad wears a cap. 아빠는 모자를 쓴다.

DAY 026

Describe your mom.
당신의 어머니를 설명해 보세요.

🎧 MP3 듣기
VOCA TEST

📅 DATE Monday, April 20   ☀ WEATHER Sunny

My mom has **round eyes**. She has a small mouth. Her hair is short. She is good at cooking. She is good at making kimchi jjigae. She is good at sports. We played table tennis last time. She won all the games. I love her.

엄마는 동그란 눈을 가지고 있다. 엄마는 작은 입을 가지고 있다. 엄마의 머리카락은 짧다. 엄마는 요리를 잘한다. 엄마는 김치찌개를 잘 만든다. 엄마는 운동을 잘한다. 우리는 저번에 탁구 경기를 했다. 엄마가 모든 경기를 이겼다. 나는 엄마를 사랑한다.

 describe 묘사하다 **round** 동그란 **eye** 눈 **mouth** 입 **cook** 요리하다
sport 운동 **table tennis** 탁구 **win** 이기다

옆의 일기를 활용해서 자신만의 일기를 써 보세요.
어렵다면 그대로 따라 써 보는 것도 좋아요. 일기를 다 쓴 후에는 큰 소리로 읽어 보세요.

📅 DATE

☀ WEATHER

Describe your mom.

My mom has ....

다음과 같이 시작해 보세요.

➡ **My mom** has brown hair. 엄마는 갈색 머리이다.

➡ **My mom** has long fingers. 엄마는 긴 손가락을 가지고 있다.

➡ **My mom** wears a ring. 엄마는 반지를 낀다.

DAY 027

When do you like your parents?
부모님이 언제 좋나요?

🎧 MP3 듣기
VOCA TEST

📅 DATE Saturday, April 24   ☀ WEATHER Sunny

I like it when my dad sings for me. He has a good voice. His voice makes me sleepy. I like it when my mom reads a book for me. She has a variety of voices. She sounds like an angel. When I hear her sweet voice, I fall into the story.

나는 아빠가 날 위해 노래를 불러줄 때 좋다. 나의 아빠는 좋은 목소리를 가지고 있다. 아빠의 목소리는 나를 잠들게 만든다. 나는 엄마가 나를 위해 책을 읽어줄 때 좋다. 엄마는 다양한 목소리를 가지고 있다. 엄마는 천사처럼 말한다. 엄마의 달콤한 목소리를 들을 때, 나는 이야기 속으로 빠진다.

 Words   **parents** 부모님   **sing** 노래하다   **voice** 목소리   **sleepy** 졸린   **read** 읽다
a variety of 다양한   **angel** 천사   **sweet** 달콤한   **story** 이야기

**나만의 일기 쓰기**

옆의 일기를 활용해서 자신만의 일기를 써 보세요.
어렵다면 그대로 따라 써 보는 것도 좋아요. 일기를 다 쓴 후에는 큰 소리로 읽어 보세요.

 DATE

 WEATHER

When do you like your parents?

I like it when my

다음과 같이 시작해 보세요.

➡ I like it when my dad prays for me. 나는 아빠가 날 위해 기도할 때 좋다.
➡ I like it when my dad gives me a hug. 나는 아빠가 나를 안아줄 때 좋다.
➡ I like it when my mom cooks for me. 나는 엄마가 날 위해 요리해줄 때 좋다.

Do you have a pet?

애완동물을 키우고 있나요?

🎧 MP3 듣기
VOCA TEST

📅 DATE   Tuesday, April 30   ☀ WEATHER   Sunny

I have a **pet**. My pet is a **puppy**. Her **name** is Choco. Choco has **white** **fur**. The **curly** fur is **soft**. I take care of her. She is very **cute** and **active**. She runs **from place to place**. She makes me happy. She is my family.

나는 애완동물을 키운다. 나의 애완동물은 강아지이다. 강아지의 이름은 초코이다. 초코는 흰색 털을 가지고 있다. 곱슬곱슬한 털은 부드럽다. 나는 초코를 돌본다. 초코는 매우 귀엽고 활발하다. 초코는 이곳저곳 뛰어 다닌다. 초코는 나를 행복하게 한다. 초코는 나의 가족이다.

Words **pet** 애완동물   **puppy** 강아지   **name** 이름   **white** 하얀색   **fur** 털   **curly** 곱슬곱슬한
soft 부드러운   **cute** 귀여운   **active** 활동적인   **from place to place** 이곳저곳

나만의 일기 쓰기

옆의 일기를 활용해서 자신만의 일기를 써 보세요.
어렵다면 그대로 따라 써 보는 것도 좋아요. 일기를 다 쓴 후에는 큰 소리로 읽어 보세요.

 DATE

 WEATHER

Do you have a pet?

I have a

다음과 같이 시작해 보세요.

➡ I have a pet. 나는 애완동물을 키운다.

➡ I have a hamster. 나는 햄스터를 키운다.

➡ I have a fish. 나는 물고기를 키운다.

DAY 029

Describe a house you want to live in.

당신이 살고 싶은 집을 묘사해 보세요.

🎧 MP3 듣기
VOCA TEST

📅 **DATE** Monday, May 1   ☀ **WEATHER** Clear

I want to live in a country house. The first floor is a big yard. I want to have a big dog. The second floor is a living room. The third floor is my room. There is a desk, a closet, and a bed. There is a barbecue place on the rooftop. There is a tent next to it.

나는 전원주택에 살고 싶다. 1층은 큰 마당이다. 나는 큰 개를 키우고 싶다. 2층은 거실이다. 3층은 내 방이다. 그곳에는 책상, 옷장, 침대가 있다. 옥상에는 바비큐할 수 있는 장소가 있다. 그리고 옆에 텐트가 있다.

 Words   **country house** 전원주택   **floor** 층   **yard** 마당   **room** 방   **desk** 책상
closet 옷장   **barbeque** 바비큐   **rooftop** 옥상   **tent** 텐트

64

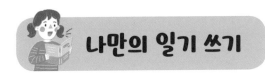
나만의 일기 쓰기

옆의 일기를 활용해서 자신만의 일기를 써 보세요.
어렵다면 그대로 따라 써 보는 것도 좋아요. 일기를 다 쓴 후에는 큰 소리로 읽어 보세요.

 DATE _____   WEATHER _____

Describe a house you want to live in.

I want to live in _____

_____

_____

_____

_____

_____

_____

다음과 같이 시작해 보세요.

➡ I want to live in a big city. 나는 큰 도시에서 살고 싶다.
➡ I want to live in a little town. 나는 작은 마을에서 살고 싶다.
➡ I want to live in an apartment. 나는 아파트에서 살고 싶다.

DAY 030

What kind of gift do my grandparents like?
할아버지, 할머니는 어떤 선물을 좋아하실까요?

MP3 듣기
VOCA TEST

 DATE Friday, May 8    **WEATHER** Sunny

My grandfather likes to eat sweet things. He especially likes cake. I think he would like a chocolate cake. My grandmother likes flowers. She likes to grow plants. I think she would like a flower pot. Above all, spending time together is the best gift for them.

할아버지는 단것을 드시는 것을 좋아하신다. 특히 케이크를 좋아하신다. 내 생각에 할아버지는 초코 케이크를 좋아하실 것이다. 할머니는 꽃을 좋아하신다. 할머니는 식물 키우기를 좋아하신다. 내 생각에 할머니는 꽃 화분을 좋아하실 것이다. 무엇보다, 그분들을 위한 최고의 선물은 우리가 함께하는 시간이다.

 grandparent(s) 조부모님   **gift** 선물   **sweet thing** 단것   **think** 생각하다
flower 꽃   **grow** 기르다   **plant** 식물   **pot** 화분   **above all** 무엇보다

 **나만의 일기 쓰기**

옆의 일기를 활용해서 자신만의 일기를 써 보세요.
어렵다면 그대로 따라 써 보는 것도 좋아요. 일기를 다 쓴 후에는 큰 소리로 읽어 보세요.

 DATE   WEATHER

What kind of gift do my grandparents like?

My grandfather likes

다음과 같이 시작해 보세요.

➡ My grandfather likes to eat vegetables. 할아버지는 채소를 드시는 것을 좋아하신다.

➡ My grandmother likes to walk. 할머니는 산책을 좋아하신다.

➡ My grandmother likes clothes. 할머니는 옷을 좋아하신다.

DAY 031

When did your parents scold you?

언제 부모님께 혼났나요?

🎧 MP3 듣기
VOCA TEST

📅 **DATE** Tuesday, May 10   ☀ **WEATHER** Cloudy

I was scolded by my mom for using my smart phone for a long time. I think I'm addicted to my smartphone. Last time, I played a smartphone game for 3 hours. My mom got angry because I forgot to do my homework. Next time, I will not use the smartphone much.

나는 스마트폰을 너무 오래 사용해서 엄마에게 혼났다. 난 스마트폰 중독인 것 같다. 저번에 나는 3시간 동안 스마트폰 게임을 했다. 나는 숙제하는 것을 잊어버렸고 엄마가 화를 내셨다. 다음부터 나는 스마트폰을 많이 사용하지 않을 것이다.

Words **parent(s)** 부모님   **scold** 야단치다   **addicted to** ~에 중독된   **hour** 시간   **angry** 화난   **homework** 숙제   **next time** 다음에

나만의 일기 쓰기

옆의 일기를 활용해서 자신만의 일기를 써 보세요.
어렵다면 그대로 따라 써 보는 것도 좋아요. 일기를 다 쓴 후에는 큰 소리로 읽어 보세요.

 DATE _____   WEATHER _____

When did your parents scold you?

I was scolded by ....

....

....

....

....

....

....

다음과 같이 시작해 보세요.

➡ I was scolded by my teacher. 나는 선생님에게 혼났다.

➡ I was scolded by my uncle. 나는 삼촌에게 혼났다.

➡ I was scolded by my aunt. 나는 이모에게 혼났다.

What kind of nagging do you hear the most?
가장 많이 듣는 잔소리는 무엇인가요?

🎧 MP3 듣기
VOCA TEST

📅 DATE Thursday, May 12   ☀ WEATHER Sunny

My mom tells me to clean every day. The nagging I hear the most is to clean up. I think my room is clean. I don't see any dust. I can find everything where it is. But my mom thinks my room is dirty. It's strange. Anyway, I have to clean up now.

엄마는 매일 내게 청소하라고 한다. 내가 가장 많이 듣는 잔소리는 청소하라는 것이다. 나는 내 방이 깨끗하다고 생각한다. 먼지가 눈에 보이지 않는다. 나는 무엇이 어디에 있는지 모두 찾을 수 있다. 그런데 엄마는 내 방이 더럽다고 생각한다. 이상하다. 아무튼 난 지금 청소를 해야 한다.

Words   **nag** 잔소리를 하다   **hear** 듣다   **tell** 말하다   **clean** 청소하다   **dust** 먼지   **dirty** 더러운
strange 이상한   **anyway** 아무튼

 **나만의 일기 쓰기**

옆의 일기를 활용해서 자신만의 일기를 써 보세요.
어렵다면 그대로 따라 써 보는 것도 좋아요. 일기를 다 쓴 후에는 큰 소리로 읽어 보세요.

 DATE   WEATHER

What kind of nagging do you hear the most?

My mom tells me to

다음과 같이 시작해 보세요.

➡ My mom tells me to clean. 엄마는 나에게 청소를 하라고 말씀하신다.

➡ My mom tells me to wash. 엄마는 나에게 씻으라고 말씀하신다.

➡ My mom tells me to stop. 엄마는 나에게 그만하라고 말씀하신다.

DAY 033

Write a letter to your parents.
부모님께 편지를 써 보세요.

🎧 MP3 듣기
VOCA TEST

📅 DATE Tuesday, May 12   ☼ WEATHER Foggy

Hi, Dad and Mom. This is Sumin. Thank you for singing for me every day. Thank you for making delicious food. Thank you for always supporting me. Thank you for saying it's okay when I make a mistake. Thank you for taking care of me when I'm sick. I love you forever.

아빠, 엄마 안녕하세요. 저 수민이에요. 매일 저를 위해 노래를 불러주셔서 감사해요. 맛있는 음식을 만들어주셔서 감사해요. 항상 저를 응원해주셔서 감사합니다. 제가 실수했을 때 괜찮다고 해주셔서 감사해요. 제가 아플 때 간호해주셔서 감사해요. 영원히 사랑해요.

 Words   **parent(s)** 부모님   **sing** 노래하다   **delicious** 맛있는   **food** 음식   **always** 언제나
support 지지하다   **mistake** 실수   **forever** 영원히

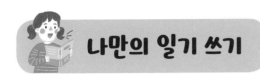 **나만의 일기 쓰기**

옆의 일기를 활용해서 자신만의 일기를 써 보세요.
어렵다면 그대로 따라 써 보는 것도 좋아요. 일기를 다 쓴 후에는 큰 소리로 읽어 보세요.

 DATE

 WEATHER

Write a letter to your parents.

Thank you for ....

....

....

....

....

....

....

다음과 같이 시작해 보세요.

➡ Thank you for saying it's okay. 괜찮다고 말해주셔서 감사합니다.

➡ Thank you for saying thank you. 고맙다고 말해주셔서 감사합니다.

➡ Thank you for saying you are good. 잘한다고 말해주셔서 감사합니다.

What did you do last weekend?

지난 주말에 무엇을 했나요?

🎧 MP3 듣기
VOCA TEST

📅 **DATE** Sunday, May 15   ☀ **WEATHER** Sunny

I went to **an amusement park.** I went there with my grandparents. There were many people. After waiting two hours, I got on the Viking ride. When I went up to the sky, I was really scared. When I came down, I felt dizzy. After lunch, I rode in a bumper car. Driving the car was fun.

나는 놀이동산에 갔다. 나는 할아버지, 할머니와 같이 갔다. 사람들이 많았다. 2시간을 기다린 후, 나는 바이킹을 탔다. 하늘로 올라갈 때 나는 너무 무서웠다. 땅으로 내려올 때 나는 어지러움을 느꼈다. 점심을 먹은 후, 나는 범퍼카를 탔다. 자동차 운전은 재미있었다.

 Words   **amusement park** 놀이동산   **grandparent(s)** 조부모님   **wait** 기다리다   **ride** 놀이기구
sky 하늘   **really** 정말   **scared** 무서워하는   **dizzy** 어지러운

나만의 일기 쓰기

옆의 일기를 활용해서 자신만의 일기를 써 보세요.
어렵다면 그대로 따라 써 보는 것도 좋아요. 일기를 다 쓴 후에는 큰 소리로 읽어 보세요.

 DATE _____   WEATHER _____

What did you do last weekend?

I went to ....

....

....

....

....

....

....

다음과 같이 시작해 보세요.

➡ I went to a zoo. 나는 동물원에 갔다.

➡ I went to a playground. 나는 놀이터에 갔다.

➡ I went to a supermarket. 나는 슈퍼마켓에 갔다.

DAY 035

When is the most memorable birthday?

가장 기억에 남는 생일은 언제인가요?

MP3 듣기
VOCA TEST

 DATE Thursday, May 20    **WEATHER** Warm

The ninth birthday is the most memorable birthday. I invited my friends to my house. We ate a lot of delicious food such as chicken and pizza. My friends gave me presents. We played board games. Everyone congratulated me. It was a very pleasant party.

아홉 번째 생일파티가 기억에 남는다. 친구들을 집에 초대했다. 우리는 치킨과 피자 같은 맛있는 음식을 많이 먹었다. 친구들이 나에게 선물을 주었다. 보드 게임을 하면서 놀았다. 모두 나를 축하해 주었다. 아주 즐거운 파티였다.

 Words   **memorable** 기억에 남는   **birthday** 생일   **invite** 초대하다   **present** 선물
congratulate 축하하다   **pleasant** 즐거운   **party** 파티

76

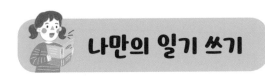 **나만의 일기 쓰기**

옆의 일기를 활용해서 자신만의 일기를 써 보세요.
어렵다면 그대로 따라 써 보는 것도 좋아요. 일기를 다 쓴 후에는 큰 소리로 읽어 보세요.

 DATE   WEATHER

When is the most memorable birthday?

.... birthday is the most memorable birthday.

_____

_____

_____

_____

_____

_____

_____

다음과 같이 시작해 보세요.

➡ The ninth birthday is memorable. 아홉 번째 생일이 기억에 남는다.
➡ The seventh birthday is memorable. 일곱 번째 생일이 기억에 남는다.
➡ The eleventh birthday is memorable. 열한 번째 생일이 기억에 남는다.

DAY 036

What is your favorite movie?
가장 좋아하는 영화는 무엇인가요?

🎧 MP3 듣기
VOCA TEST

 DATE Wednesday, May 23    **WEATHER** Sunny

My favorite movie is "Toy Story." It is fun and amazing because toys are alive in the movie. The toys move and also speak. The plot of the movie is about friendship. I want to make good friendship like them. I should be a good friend first.

내가 가장 좋아하는 영화는 "토이 스토리"이다. 그것은 재미있고 놀랍다. 왜냐하면 영화에선 장난 감들이 살아있기 때문이다. 장난감들이 움직이고 말도 한다. 영화의 줄거리는 우정에 관한 것이다. 나도 그들처럼 좋은 우정을 만들고 싶다. 내가 먼저 좋은 친구가 되어야겠다.

 Words   movie 영화   toy 장난감   fun 재미있는   amazing 놀라운   alive 살아있는
plot 줄거리   friendship 우정   should ~해야 한다

나만의 일기 쓰기

옆의 일기를 활용해서 자신만의 일기를 써 보세요.
어렵다면 그대로 따라 써 보는 것도 좋아요. 일기를 다 쓴 후에는 큰 소리로 읽어 보세요.

 DATE

 WEATHER

What is your favorite movie?

My favorite movie is

다음과 같이 시작해 보세요.

➡ My favorite movie is "Inside Out." 내가 가장 좋아하는 영화는 "인사이드 아웃"이다.

➡ My favorite movie is "Frozen." 내가 가장 좋아하는 영화는 "겨울왕국"이다.

➡ My favorite movie is "The Avengers." 내가 가장 좋아하는 영화는 "어벤져스"이다.

How was your winter vacation?
겨울 방학은 어땠나요?

🎧 MP3 듣기
VOCA TEST

📅 DATE Monday, May 26   ☀ WEATHER Clear

The last winter vacation was a hard time. Many people caught a cold. The cold was very bad. I was worried about catching a cold. I couldn't go anywhere. I stayed in the house all the time. But I was not bored. I was not lonely. I was with my older sister and my younger brother.

지난겨울 방학은 힘든 시간이었다. 많은 사람들이 감기에 걸렸다. 그 감기는 아주 고약했다. 나는 감기에 걸릴까 봐 걱정됐다. 아무 곳도 갈 수가 없었다. 나는 집에 계속 머물렀다. 그런데 심심하지 않았다. 외롭지 않았다. 언니와 남동생이 함께 있었다.

 Words **winter vacation** 겨울 방학 **hard** 힘든 **bad** 고약한, 나쁜 **catch a cold** 감기에 걸리다
stay 머물다 **bored** 지루한 **lonely** 외로운

**나만의 일기 쓰기**

옆의 일기를 활용해서 자신만의 일기를 써 보세요.
어렵다면 그대로 따라 써 보는 것도 좋아요. 일기를 다 쓴 후에는 큰 소리로 읽어 보세요.

 DATE   WEATHER

How was your winter vacation?

The last winter vacation was

다음과 같이 시작해 보세요.

➡ Winter vacation was a special time. 겨울 방학은 특별한 시간이었다.
➡ Winter vacation was a fun time. 겨울 방학은 즐거운 시간이었다.
➡ Winter vacation was a sad time. 겨울 방학은 슬픈 시간이었다.

DAY 038

Talk about your childhood.
어린 시절에 대해 이야기해 보세요.

🎧MP3 듣기
VOCA TEST

 DATE Friday, May 30    **WEATHER** Windy

When I was young, I liked to draw. I drew anywhere. When I was in kindergarten, I drew pictures on the paper. When I went to the playground, I drew pictures on the soil. When I went to the beach, I drew pictures on the sand. I loved drawing pictures.

나는 어렸을 때 그림 그리기를 좋아했다. 나는 어디서든 그림을 그렸다. 유치원에 갔을 때 종이 위에 그림을 그렸다. 놀이터에 갔을 때는 흙 위에 그림을 그렸다. 바닷가에 갔을 때는 모래 위에 그림을 그렸다. 소파에 그림을 그린 적도 있다. 나는 그림 그리기를 매우 좋아했다.

 Words   **childhood** 어린 시절   **young** 어린   **draw** 그리다   **anywhere** 어디서든지
kindergarten 유치원   **playground** 놀이터   **soil** 흙   **beach** 해변   **sand** 모래

82

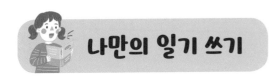

나만의 일기 쓰기

옆의 일기를 활용해서 자신만의 일기를 써 보세요.
어렵다면 그대로 따라 써 보는 것도 좋아요. 일기를 다 쓴 후에는 큰 소리로 읽어 보세요.

 DATE

 WEATHER

Talk about your childhood.

When I was young,

다음과 같이 시작해 보세요.

➡ When I was young, I liked to sing. 나는 어렸을 때 노래 부르는 것을 좋아했다.

➡ When I was young, I liked to play games. 나는 어렸을 때 게임하는 것을 좋아했다.

➡ When I was young, I liked to watch movies. 나는 어렸을 때 영화 보는 것을 좋아했다.

DAY 039

Talk about a time you made a mistake.

실수했던 순간에 대해 이야기해 보세요.

 DATE Monday, June 2  **WEATHER** Sunny

I made a mistake when I was cleaning. Last Saturday, I was helping my mom. I wiped the bowl but my hand slipped. I dropped the bowl. The bowl broke into pieces. Fortunately, I was not hurt.

나는 청소할 때 실수했다. 지난 토요일, 나는 엄마를 돕고 있었다. 나는 그릇을 닦았는데, 손이 미끄러졌다. 그릇을 떨어뜨렸다. 그릇은 깨져 산산조각이 났다. 다행히 다치진 않았다.

 Words   **mistake** 실수하다   **clean** 청소하다   **wipe** 닦다   **bowl** 그릇   **slip** 미끄러지다
drop 떨어뜨리다   **break into pieces** 여러 조각으로 깨지다   **fortunately** 다행히
hurt 상처를 입히다

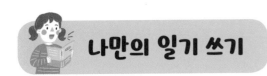 **나만의 일기 쓰기**

옆의 일기를 활용해서 자신만의 일기를 써 보세요.
어렵다면 그대로 따라 써 보는 것도 좋아요. 일기를 다 쓴 후에는 큰 소리로 읽어 보세요.

 DATE   **WEATHER**

Talk about a time you made a mistake.

I made a mistake when I

다음과 같이 시작해 보세요.

➡ I made a mistake when I was 9 years old. 나는 9살 때 실수했다.

➡ I made a mistake when I was playing soccer. 나는 축구할 때 실수했다.

➡ I made a mistake when I was singing. 나는 노래 부를 때 실수했다.

DAY 040

Have you ever taken the subway?
지하철을 타본 적이 있나요?

🎧 MP3 듣기
VOCA TEST

 DATE Wednesday, June 5  **WEATHER** Rainy

I took the subway last week. I went to my grandmother's house by subway. I went to the subway station. It was underground. I entered the entrance. I got on the subway. I sat on the seat and read a book. I came out of the exit. Finally, I met my grandmother.

나는 지난주에 지하철을 탔다. 지하철을 타고 할머니 집에 갔다. 나는 지하철역에 갔다. 그것은 지하에 있었다. 나는 입구에 갔다. 지하철에 올라탔다. 나는 좌석에 앉아서 책을 읽었다. 출구로 나왔다. 마침내 할머니를 만났다.

 Words subway 지하철   grandmother 할머니   station 역   underground 지하의
enter 들어가다   entrance 입구   seat 좌석   exit 출구

 **나만의 일기 쓰기**

옆의 일기를 활용해서 자신만의 일기를 써 보세요.
어렵다면 그대로 따라 써 보는 것도 좋아요. 일기를 다 쓴 후에는 큰 소리로 읽어 보세요.

 DATE　　　　　　　　　　 **WEATHER**

Have you ever taken the subway?

I took the

다음과 같이 시작해 보세요.

➡ I took the plane. 나는 비행기를 탔다.

➡ I took the bus. 나는 버스를 탔다.

➡ I took the train. 나는 기차를 탔다.

Have you ever been sick?
아팠던 적이 있나요?

🎧 MP3 듣기
VOCA TEST

 DATE Thursday, June 7  **WEATHER** Sunny

I had a **stomachache** yesterday. I couldn't **get up** all day. I was **lying** in bed all the time. I went to the **hospital**. I got better after taking **medicine**. My parents kept **looking after** me.

나는 어제 배가 아팠다. 나는 하루 종일 일어나지 못했다. 나는 계속 침대에 누워 있었다. 나는 병원에 갔다. 약을 먹으니 괜찮아졌다. 부모님께서 계속 나를 돌보아주셨다.

Words **sick** 아픈 **stomachache** 복통 **get up** 일어나다 **lie** 눕다 **hospital** 병원 **medicine** 약 **look after** ~을 돌보다

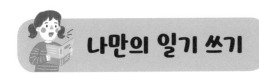

나만의 일기 쓰기

옆의 일기를 활용해서 자신만의 일기를 써 보세요.
어렵다면 그대로 따라 써 보는 것도 좋아요. 일기를 다 쓴 후에는 큰 소리로 읽어 보세요.

 DATE   WEATHER

Have you ever been sick?

I had a

다음과 같이 시작해 보세요.

➡ I had a sore throat. 나는 목이 아팠다.

➡ I had a headache. 나는 머리가 아팠다.

➡ I had a toothache. 나는 이가 아팠다.

DAY 042

How do you spend your allowance?

용돈을 어떻게 사용하나요?

🎧 MP3 듣기
VOCA TEST

📅 DATE Friday, June 11   ☀ WEATHER Windy

I spend my allowance on school supplies. My allowance is 5,000 won a week. I buy notebooks and pencils with my allowance. I sometimes eat delicious snacks with my friends. I save money when I have some extra money. I will save money to buy a doll.

나는 용돈으로 학용품을 산다. 나의 용돈은 일주일에 오천 원이다. 나는 용돈으로 공책, 연필을 산다. 나는 가끔 친구와 맛있는 간식을 사먹는다. 돈이 남으면 나는 저금을 한다. 나는 인형을 사기 위해 저금을 할 것이다.

Words   **spend** 소비하다   **allowance** 용돈   **school supplies** 학용품   **extra** 여분의
save 저금하다   **doll** 인형

 **나만의 일기 쓰기**

옆의 일기를 활용해서 자신만의 일기를 써 보세요.
어렵다면 그대로 따라 써 보는 것도 좋아요. 일기를 다 쓴 후에는 큰 소리로 읽어 보세요.

📅 DATE ☀ WEATHER

How do you spend your allowance?

I spend my allowance on

Can you dance?
춤을 출 수 있나요?

🎧 MP3 듣기
VOCA TEST

📅 DATE Saturday, June 15   ☀ WEATHER Sunny

I can dance. I'm a good dancer. I'm happy when I dance. It's good to dance with music on. I danced on the stage at the festival. I practiced dancing with my friends. We danced in a group of four. It's more exciting to dance together. I want to dance forever.

나는 춤을 출 수 있다. 나는 춤을 잘 춘다. 춤을 출 때 나는 행복하다. 노래를 틀고 춤을 추는 것은 좋다. 나는 축제 때 무대에서 춤을 추었다. 나는 친구들과 함께 춤을 연습했다. 우리는 4인 1조로 춤을 추었다. 함께 춤을 추면 더 신난다. 나는 영원히 춤추고 싶다.

 Words   can ~을 할 수 있다   dance 춤추다   music 음악   stage 무대   practice 연습하다
group 그룹   together 함께   forever 영원히

 **나만의 일기 쓰기**

옆의 일기를 활용해서 자신만의 일기를 써 보세요.
어렵다면 그대로 따라 써 보는 것도 좋아요. 일기를 다 쓴 후에는 큰 소리로 읽어 보세요.

📅 DATE _____ WEATHER _____

Can you dance?

I can ....

....

....

....

....

....

....

다음과 같이 시작해 보세요.

➡ I can play the guitar. 나는 기타를 연주할 수 있다.

➡ I can sing a song. 나는 노래를 부를 수 있다.

➡ I can jump rope. 나는 줄넘기를 할 수 있다.

Can you play an instrument?
악기를 연주할 수 있나요?

 DATE Tuesday, June 19　　 **WEATHER** Foggy

I can play the guitar. I had a guitar at home. This guitar was used by my dad. My dad taught me how to play the guitar. I practiced a lot. Now I'm good at playing the guitar. I played in front of my family. My family praised me. I enjoy playing the guitar now.

나는 기타를 연주할 수 있다. 집에 기타가 있었다. 이 기타는 아빠가 사용하던 것이었다. 아빠가 기타 연주를 가르쳐줬다. 나는 연습을 많이 했다. 지금 나는 기타를 잘 친다. 나는 가족 앞에서 연주를 했다. 가족은 나를 칭찬했다. 나는 이제 기타치기를 즐긴다.

 Words　**instrument** 악기　**guitar** 기타　**home** 집　**practice** 연습하다　**front** 앞
praise 칭찬하다

나만의 일기 쓰기

옆의 일기를 활용해서 자신만의 일기를 써 보세요.
어렵다면 그대로 따라 써 보는 것도 좋아요. 일기를 다 쓴 후에는 큰 소리로 읽어 보세요.

 DATE _____ WEATHER _____

Can you play an instrument?

I can play the ....

....

....

....

....

....

....

다음과 같이 시작해 보세요.

➡ I can play the violin. 나는 바이올린을 연주할 수 있다.
➡ I can play the piano. 나는 피아노를 연주할 수 있다.
➡ I can play the drums. 나는 드럼을 연주할 수 있다.

DAY 045

Is there anything you want to learn?
배우고 싶은 것이 있나요?

🎧 MP3 듣기
VOCA TEST

 DATE Sunday, June 21  **WEATHER** Sunny

I want to learn painting. I like painting pictures. When I start painting, I concentrate on it for a very long time. I don't want to go to the bathroom. I want to learn painting professionally. I want to make a work in various ways.

나는 그림 그리는 것을 배우고 싶다. 나는 그림 그리는 것이 좋다. 그림을 그리기 시작하면, 나는 긴 시간 집중한다. 화장실 가고 싶지가 않다. 나는 그림 그리는 것을 전문적으로 배우고 싶다. 다양한 방법으로 작품을 만들고 싶다.

Words anything 무언가 learn 배우다 paint 그리다 picture 그림
concentrate on ~에 집중하다 bathroom 화장실 professionally 전문적으로
work 작품 various 다양한

96

 **나만의 일기 쓰기**

옆의 일기를 활용해서 자신만의 일기를 써 보세요.
어렵다면 그대로 따라 써 보는 것도 좋아요. 일기를 다 쓴 후에는 큰 소리로 읽어 보세요.

 DATE _____   WEATHER _____

Is there anything you want to learn?

I want to learn ....

....

....

....

....

....

....

다음과 같이 시작해 보세요.

➡ I want to learn swimming. 나는 수영을 배우고 싶다.

➡ I want to learn acting. 나는 연기를 배우고 싶다.

➡ I want to learn Taekwondo. 나는 태권도를 배우고 싶다.

DAY 046

Praise yourself.
당신 스스로를 칭찬해 보세요.

🎧 MP3 듣기
VOCA TEST

📅 **DATE** Monday, June 23   ☀ **WEATHER** Rainy

I am good at sharing. I lend school supplies to my friends. I am happy when my friends thank me. I lend clothes to my brother. Sometimes, I donate my clothes to the clothes bin. I'm proud of myself. My little sharing can be a joy to someone.

나는 나눔을 잘한다. 나는 친구들에게 학용품을 빌려준다. 친구가 고마워할 때 나는 행복하다. 나는 남동생에게 옷을 빌려준다. 그리고 때때로 옷체통에 옷을 기부한다. 나는 뿌듯하다. 나의 작은 나눔이 누군가에게 기쁨이 될 수 있다.

Words praise 칭찬하다   share 나누다   lend 빌려주다   school supplies 학용품
donate 기부하다   clothes bin 옷체통   proud 자랑스러운   joy 기쁨

나만의 일기 쓰기

옆의 일기를 활용해서 자신만의 일기를 써 보세요.
어렵다면 그대로 따라 써 보는 것도 좋아요. 일기를 다 쓴 후에는 큰 소리로 읽어 보세요.

 DATE   WEATHER

Praise yourself.

I am good at

....

....

....

....

....

....

다음과 같이 시작해 보세요.

➡ I'm good at playing soccer. 나는 축구를 잘한다.

➡ I'm good at swimming. 나는 수영을 잘한다.

➡ I'm good at drawing. 나는 그림을 잘 그린다.

99

DAY 047

Who is your favorite entertainer?

가장 좋아하는 연예인이 누구인가요?

MP3 듣기
VOCA TEST

 DATE Thursday, June 25 　　 **WEATHER** Sunny

My favorite entertainer is BTS. They are good dancers. They are also good at singing. Their songs are famous all over the world. I get excited when I listen to their songs. Their dance is an art. If I follow their dance moves, I feel better.

내가 가장 좋아하는 연예인은 BTS이다. 그들은 춤을 잘 춘다. 그들은 노래도 잘한다. 그들의 노래는 세계적으로 유명하다. 그들의 노래를 들으면 신이 난다. 그들의 춤은 예술이다. 나는 그들의 춤을 따라 추면 기분이 좋아진다.

 Words favorite 가장 좋아하는　entertainer 연예인　dancer 춤추는 사람　famous 유명한
art 예술　follow 따라하다　move 동작, 움직임

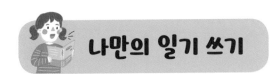

나만의 일기 쓰기

옆의 일기를 활용해서 자신만의 일기를 써 보세요.
어렵다면 그대로 따라 써 보는 것도 좋아요. 일기를 다 쓴 후에는 큰 소리로 읽어 보세요.

 DATE   **WEATHER**

Who is your favorite entertainer?

My favorite entertainer is

다음과 같이 시작해 보세요.

➡ My favorite entertainer is Blackpink. 내가 가장 좋아하는 연예인은 블랙핑크이다.
➡ My favorite teacher is ○○○. 내가 가장 좋아하는 선생님은 ○○○이다.
➡ My favorite person is ○○○. 내가 가장 좋아하는 사람은 ○○○이다.

What is your favorite color?
가장 좋아하는 색은 무엇인가요?

🎧 MP3 듣기
VOCA TEST

📅 DATE   Saturday, June 27   ☀️ WEATHER   Rainy

My favorite color is white because it looks clean and pure. White is an interesting color because white can make various colors. When I mix white with other colors, I can see new colors. There are many white things around us such as clouds, tissue, paper, towels.

내가 가장 좋아하는 색은 흰색이다. 왜냐하면 흰색은 깨끗하고 순수해 보이기 때문이다. 흰색은 흥미로운 색이다. 왜냐하면 흰색은 다양한 색을 만들 수 있기 때문이다. 흰색에 다른 색을 섞으면, 새로운 색을 볼 수 있다. 구름, 휴지, 종이, 수건 등 같이 하얀 것들이 우리 주변에 많다.

 Words   color 색깔   white 흰색   clean 깨끗한   pure 순수한   interesting 재미있는
various 다양한   mix 섞다   cloud 구름   tissue 휴지   towel 수건

**나만의 일기 쓰기**

옆의 일기를 활용해서 자신만의 일기를 써 보세요.
어렵다면 그대로 따라 써 보는 것도 좋아요. 일기를 다 쓴 후에는 큰 소리로 읽어 보세요.

 DATE _____

 WEATHER

What is your favorite color?

My favorite color is ....

....

....

....

....

....

....

다음과 같이 시작해 보세요.

➡ My favorite color is green. 내가 가장 좋아하는 색은 녹색이다.

➡ My favorite color is red. 내가 가장 좋아하는 색은 빨간색이다.

➡ My favorite color is yellow. 내가 가장 좋아하는 색은 노란색이다.

103

What is your favorite item?

가장 좋아하는 물건은 무엇인가요?

🎧 MP3 듣기
VOCA TEST

 DATE   Sunday, June 28    WEATHER   Hot

My favorite item is my smartphone. I spend a lot of time on my smartphone. I play games. I take pictures. I watch YouTube. I search on the Internet. I talk with my friends on my smartphone. I can't live without my smartphone.

내가 가장 좋아하는 물건은 나의 스마트폰이다. 나는 스마트폰을 하는 데 많은 시간을 보낸다. 나는 게임을 한다. 사진을 찍는다. 유튜브를 본다. 인터넷 검색을 한다. 나는 스마트폰으로 친구와 이야기를 한다. 나는 스마트폰 없이는 살 수가 없다.

 Words   **favorite** 가장 좋아하는   **item** 물건   **spend time** 시간을 보내다   **picture** 사진
watch 보다   **search** 찾다, 검색하다   **without** ~없이

 **나만의 일기 쓰기**

옆의 일기를 활용해서 자신만의 일기를 써 보세요.
어렵다면 그대로 따라 써 보는 것도 좋아요. 일기를 다 쓴 후에는 큰 소리로 읽어 보세요.

 DATE

 WEATHER

What is your favorite item?

My favorite item is

다음과 같이 시작해 보세요.

➡ My favorite item is my pencil. 내가 가장 좋아하는 물건은 내 연필이다.

➡ My favorite item is my Lego. 내가 가장 좋아하는 물건은 레고이다.

➡ My favorite item is my computer. 내가 가장 좋아하는 물건은 컴퓨터이다.

105

DAY 050

What is your favorite hobby?
가장 좋아하는 취미는 무엇인가요?

🎧 MP3 듣기
VOCA TEST

📅 DATE　Tuesday, June 30　　　☀ WEATHER　Hot

My favorite hobby is **reading**. I **read** books every day. I **enjoy** reading. Today I read "The boy who was always late." This book was very **interesting**. I like the **main character**. I also read a **book** about science. I was **surprised** to **learn** new **information**.

내가 가장 좋아하는 취미는 독서이다. 나는 매일 책을 읽는다. 나는 독서를 즐긴다. 오늘 나는 '지각 대장 존' 책을 읽었다. 이 책은 아주 재미있었다. 나는 주인공이 좋다. 나는 과학 관련 책도 읽었다. 새로운 정보를 알아 놀라웠다.

Words　**hobby** 취미　**read** (책을) 읽다　**book** 책　**enjoy** 즐기다　**interesting** 재미있는
main character 주인공　**surprised** 놀란　**learn** 배우다　**information** 정보

나만의 일기 쓰기

옆의 일기를 활용해서 자신만의 일기를 써 보세요.
어렵다면 그대로 따라 써 보는 것도 좋아요. 일기를 다 쓴 후에는 큰 소리로 읽어 보세요.

📅 DATE   ☀ WEATHER

What is your favorite hobby?

My favorite hobby is

다음과 같이 시작해 보세요.

➡ My favorite hobby is playing baseball. 내가 가장 좋아하는 취미는 야구를 하는 것이다.

➡ My favorite hobby is listening to music. 내가 가장 좋아하는 취미는 음악 감상이다.

➡ My favorite hobby is playing the piano. 내가 가장 좋아하는 취미는 피아노 연주이다.

107

DAY 051

What's your favorite subject?

가장 좋아하는 과목은 무엇인가요?

MP3 듣기
VOCA TEST

📅 DATE   Wednesday, July 1   ☀ WEATHER   Sunny

My favorite subject is **math**. I feel good when I solve difficult math problems. I like math because the answer is clear. My friends don't like math. I want to help my friends to solve difficult math problems.

내가 가장 좋아하는 과목은 수학이다. 나는 어려운 수학 문제들을 풀 때 기분이 좋다. 나는 수학 문제가 답이 분명해서 좋다. 내 친구들은 수학을 싫어한다. 나는 내 친구들이 어려운 문제를 푸는 것을 도와주고 싶다.

Words   **favorite** 가장 좋아하는   **subject** 과목   **math** 수학   **solve** 해결하다
difficult 어려운   **problem** 문제   **answer** 답   **clear** 분명한, 확실한

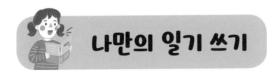

나만의 일기 쓰기

옆의 일기를 활용해서 자신만의 일기를 써 보세요.
어렵다면 그대로 따라 써 보는 것도 좋아요. 일기를 다 쓴 후에는 큰 소리로 읽어 보세요.

 DATE _____   WEATHER _____

What's your favorite subject?

My favorite subject is ....

....

....

....

....

....

....

다음과 같이 시작해 보세요.

➡ My favorite subject is history. 내가 가장 좋아하는 과목은 역사이다.
➡ My favorite subject is science. 내가 가장 좋아하는 과목은 과학이다.
➡ My favorite subject is English. 내가 가장 좋아하는 과목은 영어이다.

109

DAY 052

Where is your best travel destination?

가장 좋아하는 여행지는 어디인가요?

MP3 듣기
VOCA TEST

📅 **DATE** Monday, July 5　　　☀ **WEATHER** Sunny

My best travel destination is Jeju Island. Last summer vacation, I went to Jeju Island with my family. The weather was very sunny. Clouds were very nice. I saw the shining sea. The sound of the waves was really good. I ate a very delicious fish. I want to go to Jeju Island again.

나의 최고의 여행지는 제주도이다. 저번 여름 방학에 나는 가족과 함께 제주도에 갔다. 날씨가 정말 화창했다. 구름이 아주 멋있었다. 나는 빛나는 바다를 보았다. 파도 소리가 참 좋았다. 나는 맛있는 생선을 먹었다. 제주도를 또 여행 가고 싶다.

Words　**travel** 여행　**destination** 목적지　**island** 섬　**weather** 날씨　**sunny** 화창한
cloud 구름　**nice** 좋은　**shining** 빛나는　**sound** 소리　**wave** 파도　**again** 다시 한 번

110

 나만의 일기 쓰기

옆의 일기를 활용해서 자신만의 일기를 써 보세요.
어렵다면 그대로 따라 써 보는 것도 좋아요. 일기를 다 쓴 후에는 큰 소리로 읽어 보세요.

 DATE   WEATHER

Where is your best travel destination?

My best travel destination is

다음과 같이 시작해 보세요.

➡ My best travel destination is Dokdo. 나의 최고의 여행지는 독도이다.
➡ My best travel destination is Seoul. 나의 최고의 여행지는 서울이다.
➡ My best travel destination is Bangkok. 나의 최고의 여행지는 방콕이다.

DAY
053

What is your favorite flower?
어떤 꽃을 가장 좋아하나요?

♫ MP3 듣기
VOCA TEST

 DATE Thursday, July 12    **WEATHER** Sunny

My favorite flower is cherry blossoms. Cherry blossoms bloom in spring. They are very beautiful. The colors of them are white and pink. The Cherry Blossom Road in Yeuido is famous. I can't forget the flower picnic with my family. We really enjoyed the relaxing time there.

내가 가장 좋아하는 꽃은 벚꽃이다. 벚꽃은 봄에 핀다. 벚꽃은 매우 아름답다. 벚꽃은 하얗고 분홍색이다. 여의도에 있는 벚꽃길은 유명하다. 나는 가족과 함께 한 꽃 나들이를 잊을 수 없다. 우리는 그곳에서 느긋한 시간을 즐겼다.

 Words   **flower** 꽃   **cherry blossom** 벚꽃   **spring** 봄   **beautiful** 아름다운   **road** 길
famous 유명한   **forget** 잊어버리다   **picnic** 나들이   **relaxing** 느긋한

 **나만의 일기 쓰기**

옆의 일기를 활용해서 자신만의 일기를 써 보세요.
어렵다면 그대로 따라 써 보는 것도 좋아요. 일기를 다 쓴 후에는 큰 소리로 읽어 보세요.

 DATE _____   WEATHER _____

What is your favorite flower?

My favorite flower is ....

....

....

....

....

....

....

다음과 같이 시작해 보세요.

➡ My favorite flower is sunflowers. 내가 가장 좋아하는 꽃은 해바라기이다.
➡ My favorite flower is roses. 내가 가장 좋아하는 꽃은 장미이다.
➡ My favorite flower is tulips. 내가 가장 좋아하는 꽃은 튤립이다.

DAY 054

What was your favorite vacation homework?
가장 좋았던 방학 숙제는 무엇인가요?

🎧 MP3 듣기
VOCA TEST

📅 DATE Saturday, July 17   ☀ WEATHER Hot

My favorite vacation homework was **washing my parents' feet**. At first, I was embarrassed. I touched my parents' feet. I took a closer look at them. They were hard and bumpy. I think it was because my parents worked hard.

내가 가장 좋아하는 방학 숙제는 부모님 발 씻어드리기였다. 처음에 나는 당황스러웠다. 나는 부모님 발을 만졌다. 나는 그것을 자세히 봤다. 그것은 딱딱하고 울퉁불퉁했다. 부모님께서 열심히 일했기 때문이라고 생각한다.

Words   **vacation** 방학   **homework** 숙제   **wash** 씻다   **feet** 발   **embarrassed** 당황한
touch 만지다   **hard** 단단한   **bumpy** 울퉁불퉁한

 **나만의 일기 쓰기**

옆의 일기를 활용해서 자신만의 일기를 써 보세요.
어렵다면 그대로 따라 써 보는 것도 좋아요. 일기를 다 쓴 후에는 큰 소리로 읽어 보세요.

 DATE   WEATHER

What was your favorite vacation homework?

My favorite vacation homework was

다음과 같이 시작해 보세요.

➡ My homework was collecting stamps. 나의 숙제는 우표 모으기였다.
➡ My homework was drawing. 나의 숙제는 그림 그리기였다.
➡ My homework was reading books. 나의 숙제는 책 읽기였다.

DAY 055

What is it that you don't like?
당신이 싫어하는 것은 무엇인가요?

🎧 MP3 듣기
VOCA TEST

📅 **DATE** Tuesday, July 23   ☀ **WEATHER** Hot

I don't like bugs. I went on a trip to the forest. There were many trees and weeds. There were also many bugs. A bug sat on my body. I hit the bug. The bug bit me already. I scratched the bug bite. It was so itchy and hurting so much.

나는 벌레를 싫어한다. 나는 숲으로 여행을 갔다. 나무와 잡초가 많았다. 벌레도 많이 있었다. 벌레가 내 몸에 앉았다. 나는 벌레를 쳤다. 그 벌레는 이미 나를 물었다. 나는 벌레 물린 데를 긁었다. 너무 간지러웠고 너무 아팠다.

 Words   bug 벌레   trip 여행   forest 숲   tree 나무   weed 잡초   body 몸   hit 때리다
bite 물다; 물린 상처   already 이미   scratch 긁다   itchy 가려운

116

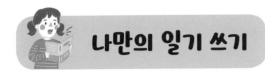 **나만의 일기 쓰기**

옆의 일기를 활용해서 자신만의 일기를 써 보세요.
어렵다면 그대로 따라 써 보는 것도 좋아요. 일기를 다 쓴 후에는 큰 소리로 읽어 보세요.

 DATE   WEATHER

What is it that you don't like?

I don't like

다음과 같이 시작해 보세요.

➡ I don't like rats. 나는 쥐를 싫어한다.
➡ I don't like dogs. 나는 개를 싫어한다.
➡ I don't like spiders. 나는 거미를 싫어한다.

DAY 056

What do you want to do now?
지금 무엇을 하고 싶나요?

🎧 MP3 듣기
VOCA TEST

📅 DATE Friday, July 25   ☀ WEATHER Hot

I want to swim now. It's very hot today. I want to go to the pool. I want to play in the cool water. I am good at swimming. I'm excited when I swim. I want to go down the water slide. I want to fall into the water. Just thinking of it makes me happy.

나는 지금 수영을 하고 싶다. 오늘은 날씨가 매우 덥다. 나는 수영장에 가고 싶다. 나는 시원한 물에서 놀고 싶다. 나는 수영을 잘한다. 나는 수영할 때 신이 난다. 물 미끄럼틀을 타고 싶다. 물속에 풍덩 빠지고 싶다. 생각만 해도 좋다.

 Words   **now** 지금   **swim** 수영   **hot** 더운   **(swimming) pool** 수영장   **think** 생각하다
slide 미끄럼틀   **fall into** ~에 빠지다

118

나만의 일기 쓰기

옆의 일기를 활용해서 자신만의 일기를 써 보세요.
어렵다면 그대로 따라 써 보는 것도 좋아요. 일기를 다 쓴 후에는 큰 소리로 읽어 보세요.

 DATE

 WEATHER

What do you want to do now?

I want to

다음과 같이 시작해 보세요.

➡ I want to sleep now. 나는 지금 잠을 자고 싶다.

➡ I want to sing now. 나는 지금 노래를 하고 싶다.

➡ I want to dance now. 나는 지금 춤을 추고 싶다.

DAY 057

What kind of fruit do you like?

무슨 과일을 좋아하나요?

🎧 MP3 듣기
VOCA TEST

📅 DATE Wednesday, July 27   ☀ WEATHER Rainy

I like apples. Apples are delicious. Apples are sour and sweet. I usually eat an apple in the morning. Eating an apple in the morning is good for my health. Apples have a lot of vitamins. Red apples are pretty.

나는 사과를 좋아한다. 사과는 맛있다. 사과는 새콤하고 달콤하다. 나는 주로 아침에 사과 하나를 먹는다. 아침에 사과를 먹는 것은 건강에 좋다. 사과는 비타민이 많이 있다. 빨간색 사과는 예쁘다.

 Words fruit 과일   apple 사과   sour 시큼한   sweet 달콤한   usually 주로
vitamin 비타민

나만의 일기 쓰기

옆의 일기를 활용해서 자신만의 일기를 써 보세요.
어렵다면 그대로 따라 써 보는 것도 좋아요. 일기를 다 쓴 후에는 큰 소리로 읽어 보세요.

What kind of fruit do you like?

I like

➡ I like melons. 나는 멜론을 좋아한다.
➡ I like strawberries. 나는 딸기를 좋아한다.
➡ I like oranges. 나는 오렌지를 좋아한다.

What is your favorite food?
가장 좋아하는 음식은 무엇인가요?

🎧 MP3 듣기
VOCA TEST

📅 DATE Thursday, July 30   ☀ WEATHER Sunny

My favorite food is fried eggs. They are delicious. It is easy to cook them. I usually eat them in the morning. Here is the recipe for a fried egg. Put a frying pan on fire. Crack an egg into the pan. It only takes a few minutes. Fried eggs have a lot of protein. I like fried eggs.

내가 가장 좋아하는 음식은 달걀프라이다. 그것들은 맛있다. 그것들은 요리하기 쉽다. 나는 주로 아침에 그것들을 먹는다. 이것은 달걀프라이 만드는 방법이다. 프라이팬을 불 위에 올린다. 그리고 달걀을 깨서 프라이팬에 올린다. 그것은 몇 분밖에 걸리지 않는다. 달걀프라이는 단백질이 많다. 나는 달걀프라이가 좋다.

 Words   **favorite** 가장 좋아하는   **fried egg** 달걀프라이   **delicious** 맛있는   **easy** 쉬운   **cook** 요리하다   **recipe** 요리법   **(frying) pan** 프라이팬   **crack** 깨뜨리다   **protein** 단백질

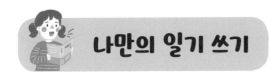

나만의 일기 쓰기

옆의 일기를 활용해서 자신만의 일기를 써 보세요.
어렵다면 그대로 따라 써 보는 것도 좋아요. 일기를 다 쓴 후에는 큰 소리로 읽어 보세요.

 DATE

 WEATHER

What is your favorite food?

My favorite food is

다음과 같이 시작해 보세요.

➡ My favorite food is pasta. 내가 가장 좋아하는 음식은 파스타이다.

➡ My favorite food is steak. 내가 가장 좋아하는 음식은 스테이크이다.

➡ My favorite food is pork cutlet. 내가 가장 좋아하는 음식은 돈가스이다.

DAY 059

What kind of snacks do you like?
어떤 종류의 간식을 좋아하나요?

🎧 MP3 듣기
VOCA TEST

📅 DATE Friday, August 3   ☀ WEATHER Sunny

I like gum. Chewing gum reduces stress. I chew gum when I'm nervous. Chewing gum calms me down. Gum has many flavors. I like the strawberry flavor. I also like bread. Bread is delicious. Eating bread makes me full. I especially like sausage bread. It tastes better with ketchup on top.

나는 껌을 좋아한다. 껌을 씹는 것은 스트레스를 완화시켜 준다. 나는 긴장될 때 껌을 씹는다. 껌을 씹으면 마음이 편안해진다. 껌은 여러 가지 맛이 있다. 나는 딸기 맛을 좋아한다. 나는 빵도 좋아한다. 빵은 맛있다. 빵은 나를 배부르게 한다. 나는 특히 소시지 빵을 좋아한다. 위에 케첩을 뿌리면 더 맛있다.

 Words

snack 간식 **chew** (껌을) 씹다 **reduce** 줄이다 **nervous** 긴장한 **flavor** 맛
strawberry 딸기 **bread** 빵 **full** 배부른 **better** 더 좋은 **ketchup** 케첩

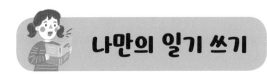
나만의 일기 쓰기

옆의 일기를 활용해서 자신만의 일기를 써 보세요.
어렵다면 그대로 따라 써 보는 것도 좋아요. 일기를 다 쓴 후에는 큰 소리로 읽어 보세요.

 DATE _____ WEATHER _____

What kind of snacks do you like?

I like ....

....

....

....

....

....

....

다음과 같이 시작해 보세요.

➡ I like chocolate. 나는 초콜릿을 좋아한다.

➡ I like bread. 나는 빵을 좋아한다.

➡ I like cookies. 나는 과자를 좋아한다.

125

DAY 060

What did you eat for lunch today?

오늘 점심으로 무엇을 먹었나요?

🎧 MP3 듣기
VOCA TEST

📅 DATE Thursday, August 5   ☀ WEATHER Rainy

I ate spaghetti for lunch. Today's menus were pork cutlet, spaghetti, soup, and garlic bread. The most popular menu was spaghetti. There were tomato and cream sauce spaghetti. I chose tomato sauce. The sauce was delicious.

나는 점심으로 스파게티를 먹었다. 오늘의 메뉴는 돈가스, 스파게티, 스프, 그리고 마늘빵이었다. 가장 인기 있는 메뉴는 스파게티였다. 토마토와 크림 소스 스파게티가 있었다. 나는 토마토 소스를 선택했다. 소스가 맛있었다.

 Words **lunch** 점심밥 **today** 오늘 **spaghetti** 스파게티 **menu** 메뉴 **pork cutlet** 돈가스
garlic bread 마늘빵 **popular** 인기 있는 **choose** 선택하다 **delicious** 맛있는

126

 **나만의 일기 쓰기**

옆의 일기를 활용해서 자신만의 일기를 써 보세요.
어렵다면 그대로 따라 써 보는 것도 좋아요. 일기를 다 쓴 후에는 큰 소리로 읽어 보세요.

 DATE   WEATHER

What did you eat for lunch today?

I ate

다음과 같이 시작해 보세요.

➡ I ate a chicken salad for breakfast. 나는 아침으로 치킨 샐러드를 먹었다.

➡ I ate fruits for lunch. 나는 점심으로 과일을 먹었다.

➡ I ate vegetables for dinner. 나는 저녁으로 채소를 먹었다.

DAY 061

What can you cook?
어떤 요리를 할 수 있나요?

🎧 MP3 듣기
VOCA TEST

📅 **DATE** Thursday, August 11　　☀ **WEATHER** Clear

I can make kimchi jjigae. I made kimchi jjigae for my family recently. My parents praised me. I was so happy. My mom taught me how to cook. First, cut kimchi. Second, cut the meat into bite-sized pieces. Third, put kimchi, meat, onion and water in a pot. Then boil it. Done!

나는 김치찌개를 만들 수 있다. 나는 최근에 가족을 위해 김치찌개를 만들었다. 부모님께서 나를 칭찬해주셨다. 정말 기뻤다. 엄마는 내게 요리하는 방법을 가르쳐주셨다. 첫째, 김치를 자른다. 둘째, 고기를 한 입 크기로 자른다. 셋째, 냄비에 김치, 고기, 양파 그리고 물을 넣는다. 그리고 끓인다. 끝!

Words　cook 요리하다　kimchi jjigae 김치찌개　recently 최근에　praise 칭찬하다
teach 가르치다　cut 자르다　meat 고기　bite-sized 한 입 크기의　piece 조각
onion 양파　pot 냄비　boil 끓이다

나만의 일기 쓰기

옆의 일기를 활용해서 자신만의 일기를 써 보세요.
어렵다면 그대로 따라 써 보는 것도 좋아요. 일기를 다 쓴 후에는 큰 소리로 읽어 보세요.

 DATE

 WEATHER

What can you cook?

I can make ....

....

....

....

....

....

....

다음과 같이 시작해 보세요.

➡ I can make kimchi jjigae. 나는 김치찌개를 만들 수 있다.

➡ I can make fried eggs. 나는 달걀프라이를 만들 수 있다.

➡ I can make ramen. 나는 라면을 만들 수 있다.

DAY 062

When do you feel happy?
언제 행복한가요?

MP3 듣기
VOCA TEST

 DATE Wednesday, August 15    WEATHER Sunny

I'm happy when I travel with my family. I went to Haeundae Beach in Busan recently. Busan is far from Seoul. My family drove there. We stayed at a nice hotel. I changed into my swimsuit. My family enjoyed swimming in the water. I was really happy.

나는 가족과 함께 여행을 갈 때 행복하다. 최근에 부산에 있는 해운대 해변에 갔다. 서울에서 부산까지는 멀다. 우리 가족은 차를 타고 갔다. 우리는 멋진 호텔에 묵었다. 나는 수영복으로 갈아입었다. 우리 가족은 물에서 수영을 즐겼다. 나는 정말 행복했다.

 Words   **happy** 행복한   **travel** 여행하다   **beach** 바닷가   **recently** 최근에   **far** 멀리
drive 운전하다   **stay** 머무르다   **change into** ~으로 갈아입다   **swimsuit** 수영복

나만의 일기 쓰기

옆의 일기를 활용해서 자신만의 일기를 써 보세요.
어렵다면 그대로 따라 써 보는 것도 좋아요. 일기를 다 쓴 후에는 큰 소리로 읽어 보세요.

 DATE

 WEATHER

When do you feel happy?

I'm happy when I ....

....

....

....

....

....

....

....

다음과 같이 시작해 보세요.

➡ I'm happy when I sing. 나는 노래할 때 행복하다.

➡ I'm happy when I eat. 나는 먹을 때 행복하다.

➡ I'm happy when I exercise. 나는 운동할 때 행복하다.

When do you get angry?

언제 화가 나나요?

MP3 듣기
VOCA TEST

📅 DATE Monday, August 18   ☼ WEATHER Hot

I'm angry when I fight with my younger brother. He touches and breaks my toys. Sometimes he doesn't apologize. I yell at him. He cries. We keep fighting. I'm really angry. We get scolded by our parents.

나는 남동생과 싸울 때 화가 난다. 그는 내 장난감을 만지고 망가뜨린다. 가끔 그는 사과를 하지 않는다. 나는 동생에게 소리를 지른다. 동생은 운다. 우리는 계속 싸운다. 나는 정말 화가 난다. 우리는 부모님께 혼이 난다.

 Words **angry** 화난 **fight** 싸우다 **younger brother** 남동생 **touch** 만지다
break 부러뜨리다 **toy** 장난감 **sometimes** 때때로 **apologize** 사과하다
yell at ~에게 소리치다 **scold** 꾸짖다

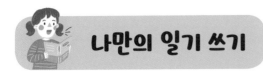

나만의 일기 쓰기

옆의 일기를 활용해서 자신만의 일기를 써 보세요.
어렵다면 그대로 따라 써 보는 것도 좋아요. 일기를 다 쓴 후에는 큰 소리로 읽어 보세요.

📅 DATE ☀ WEATHER

When do you get angry?

I'm angry when I ....

....

....

....

....

....

....

다음과 같이 시작해 보세요.

➡ I'm angry when I lose the game. 나는 경기에서 지면 화가 난다.

➡ I'm angry when I lose something. 나는 물건을 잃어버리면 화가 난다.

➡ I'm angry when I am hungry. 나는 배가 고프면 화가 난다.

When was the saddest time?

언제 가장 슬펐나요?

MP3 듣기
VOCA TEST

 DATE Thursday, August 21    **WEATHER** Sunny

I was sad when I lost my grandmother. I had tears in my eyes. I missed my grandmother. I didn't want to eat anything. It was heartbreaking. I kept thinking about my grandmother. My dad and mom cried a lot, too. It was a really sad day.

나는 할머니가 돌아가셨을 때 슬펐다. 나는 눈물이 났다. 할머니가 보고 싶었다. 아무것도 먹고 싶지 않았다. 마음이 찢어지듯이 아팠다. 할머니가 자꾸 생각났다. 아빠와 엄마도 많이 울었다. 정말 슬픈 날이었다.

Words   **sad** 슬픈   **lose** (목숨을) 잃다   **grandmother** 할머니   **tear** 눈물   **miss** 그리워하다
want 원하다   **eat** 먹다   **heartbreaking** 가슴이 찢어지는 듯한   **cry** 울다

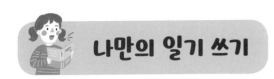

나만의 일기 쓰기

옆의 일기를 활용해서 자신만의 일기를 써 보세요.
어렵다면 그대로 따라 써 보는 것도 좋아요. 일기를 다 쓴 후에는 큰 소리로 읽어 보세요.

 DATE _____   WEATHER _____

When was the saddest time?

I was sad when I ....

....

....

....

....

....

....

다음과 같이 시작해 보세요.

➡ I was sad when I lost my favorite toy. 나는 가장 좋아하는 장난감을 잃었을 때 슬펐다.

➡ I cried when I lost my grandfather. 나는 할아버지가 돌아가셨을 때 울었다.

➡ I was gloomy when I lost my grandmother. 나는 할머니를 돌아가셨을 때 우울했다.

135

DAY 065

How are you feeling now?
지금 기분이 어떤가요?

🎧 MP3 듣기
VOCA TEST

📅 **DATE** Sunday, August 24　　　☀ **WEATHER** Clear

I feel good now. I had a math test at school today. I got a perfect score. I got all the questions right. I studied hard. I'm proud of the good result. My parents are proud, too. I should study harder from now on.

나는 지금 기분이 좋다. 나는 오늘 학교에서 수학 시험을 봤다. 나는 완벽한 점수를 받았다. 나는 문제를 모두 맞혔다. 나는 공부를 열심히 했다. 결과가 좋아 뿌듯하다. 부모님께서도 자랑스러워 하신다. 앞으로 더 열심히 공부해야겠다.

 Words　**feel** (기분을) 느끼다　**math** 수학　**test** 시험　**perfect** 완벽한　**score** 점수
question 질문　**right** 정확한　**proud of** ~을 자랑스러워 하는　**from now on** 이제부터

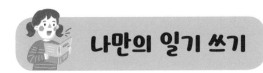

나만의 일기 쓰기

옆의 일기를 활용해서 자신만의 일기를 써 보세요.
어렵다면 그대로 따라 써 보는 것도 좋아요. 일기를 다 쓴 후에는 큰 소리로 읽어 보세요.

How are you feeling now?

I feel

다음과 같이 시작해 보세요.

➡ I feel happy now. 나는 지금 행복하다.

➡ I feel sad now. 나는 지금 기분이 슬프다.

➡ I feel upset now. 나는 지금 기분이 속상하다.

DAY 066

Have you ever had a wonderful dream?
아주 멋진 꿈을 꾼 적이 있나요?

🎧 MP3 듣기
VOCA TEST

📅 **DATE** Saturday, August 28   ☀ **WEATHER** Windy

I had a wonderful dream yesterday. My best friend appeared in my dream. We went to the playground. We played soccer and rode our bicycles. We played in the sand. We ate a delicious lunch box. We kept playing in the playground. I was happy.

나는 어제 아주 멋진 꿈을 꿨다. 나의 가장 친한 친구가 꿈에 나왔다. 우리는 놀이터에 갔다. 우리는 축구를 했다. 그리고 자전거를 탔다. 우리는 모래에서 놀았다. 맛있는 점심 도시락을 먹었다. 우리는 놀이터에서 계속 놀았다. 나는 행복했다.

Words **wonderful** 아주 멋진   **dream** 꿈   **appear** 나타나다   **playground** 놀이터
sand 모래   **lunch box** 도시락

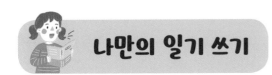

옆의 일기를 활용해서 자신만의 일기를 써 보세요.
어렵다면 그대로 따라 써 보는 것도 좋아요. 일기를 다 쓴 후에는 큰 소리로 읽어 보세요.

 DATE

 WEATHER

Have you ever had a wonderful dream?

I had a wonderful dream

다음과 같이 시작해 보세요.

➡ I had a pleasant dream. 나는 기분 좋은 꿈을 꿨다.

➡ I had a happy dream. 나는 행복한 꿈을 꿨다.

➡ I had a strange dream. 나는 이상한 꿈을 꿨다.

DAY 067

Are you worried about something?
무슨 걱정거리가 있나요?

🎧 MP3 듣기
VOCA TEST

📅 DATE Tuesday, August 30   ☀ WEATHER Sunny

I'm worried about my vacation homework. School starts the day after tomorrow. I didn't do my vacation homework. There is so much vacation homework such as writing a diary, drawing a picture, writing a report, solving math problems. I should get started quickly.

나는 방학 숙제가 걱정된다. 학교가 모레 개학을 한다. 나는 방학 숙제를 하지 않았다. 일기 쓰기, 그림 그리기, 보고서 쓰기, 수학 문제 풀기 등 방학 숙제가 너무 많다. 빨리 시작해야겠다.

Words   **worried about** ~에 대해 걱정하는   **something** 무언가   **vacation** 방학
homework 숙제   **the day after tomorrow** 모레   **diary** 일기   **report** 보고서
get started 시작하다

나만의 일기 쓰기

옆의 일기를 활용해서 자신만의 일기를 써 보세요.
어렵다면 그대로 따라 써 보는 것도 좋아요. 일기를 다 쓴 후에는 큰 소리로 읽어 보세요.

 DATE _____   WEATHER _____

Are you worried about something?

I'm worried about _____

_____

_____

_____

_____

_____

_____

다음과 같이 시작해 보세요.

➡ I'm worried about my brother. 나는 내 남동생이 걱정된다.
➡ I'm worried about the stray cat. 나는 그 길 잃은 고양이가 걱정된다.
➡ I'm worried about the exam. 나는 시험이 걱정된다.

DAY 068

Have you ever congratulated someone?
누군가를 축하해 준 적이 있나요?

🎧 MP3 듣기
VOCA TEST

📅 DATE Wednesday, September 2   ☀ WEATHER Rainy

I congratulated my friend. There was a class president election. There were three candidates. My friend, Jina really wanted to be the class president. Many students voted for Jina, and she became the class president. I really congratulated her.

나는 친구를 축하해주었다. 반장 선거가 있었다. 후보는 3명이었다. 내 친구 지나는 반장을 꼭 하고 싶어 했다. 투표 결과, 그녀는 반장이 되었다. 나는 그녀를 정말 축하해주었다.

Words congratulate 축하하다   someone 누군가   class 학급, 반
president election 반장 선거   candidate 지원자   vote for ~에 투표하다

나만의 일기 쓰기

옆의 일기를 활용해서 자신만의 일기를 써 보세요.
어렵다면 그대로 따라 써 보는 것도 좋아요. 일기를 다 쓴 후에는 큰 소리로 읽어 보세요.

 DATE

 WEATHER

Have you ever congratulated someone?

I congratulated

다음과 같이 시작해 보세요.

➡ I congratulated my brother. 나는 남동생을 축하해주었다.

➡ I congratulated my dad. 나는 아빠를 축하해주었다.

➡ I congratulated my teacher. 나는 선생님을 축하해주었다.

DAY 069

What did you do today?
오늘 무엇을 했나요?

🎧 MP3 듣기
VOCA TEST

📅 **DATE** Monday, September 4   ☀ **WEATHER** Foggy

Today, I did a lot of things. I got up in the morning and washed my face. I prepared to go to school. I arrived at school and studied. I talked with my friends. I went to the academy after school. I came home. I talked to my parents. I did my homework. I went to bed.

나는 오늘 많은 것을 했다. 아침에 일어나서 세수를 했다. 학교 갈 준비를 했다. 학교에 도착해서 공부를 했다. 친구들과 이야기를 했다. 방과 후에 나는 학원에 갔다. 집에 왔다. 부모님과 이야기를 했다. 숙제를 했다. 잠을 잤다.

 Words **a lot of** 많은 **morning** 아침 **wash** 씻다 **prepare** 준비하다 **arrive** 도착하다
academy 학원 **after school** 방과 후 **go to bed** 잠자리에 들다

144

 **나만의 일기 쓰기**

옆의 일기를 활용해서 자신만의 일기를 써 보세요.
어렵다면 그대로 따라 써 보는 것도 좋아요. 일기를 다 쓴 후에는 큰 소리로 읽어 보세요.

 DATE

 WEATHER

What did you do today?

Today, I

다음과 같이 시작해 보세요.

➡ Today, I watched a movie. 오늘 나는 영화를 한 편 보았다.

➡ Today, I studied hard. 오늘 나는 공부를 열심히 했다.

➡ Today, I exercised. 오늘 나는 운동을 했다.

DAY 070

What time is it now?
지금은 몇 시인가요?

🎧 MP3 듣기
VOCA TEST

📅 DATE Friday, September 7   ☀ WEATHER Sunny

It's five p.m. It's time to write my diary. I have to do my homework, too. After finishing homework, I eat dinner with my family. We have dinner at seven p.m. I go to bed at ten p.m. I fall asleep listening to music. I'm deep in sleep.

지금은 오후 5시이다. 일기를 쓸 시간이다. 숙제도 해야 한다. 숙제를 끝내면, 가족과 함께 저녁을 먹는다. 우리는 오후 7시에 저녁을 먹는다. 나는 오후 10시에 잠자리에 든다. 나는 음악을 들으며 잠든다. 나는 잠에 깊이 빠진다.

Words **time** 시간 **write** 쓰다 **diary** 일기 **homework** 숙제 **finish** 끝내다 **eat** 먹다 **dinner** 저녁밥 **bed** 침대 **fall asleep** 잠이 들다 **listen** 듣다 **deep** 깊은

146

나만의 일기 쓰기

옆의 일기를 활용해서 자신만의 일기를 써 보세요.
어렵다면 그대로 따라 써 보는 것도 좋아요. 일기를 다 쓴 후에는 큰 소리로 읽어 보세요.

📅 DATE

 ☀ WEATHER

What time is it now?

It's

다음과 같이 시작해 보세요.

➡ **It's** five p.m. 지금은 오후 5시다.
➡ **It's** nine a.m. 지금은 오전 9시다.
➡ **It's** eight a.m. 지금은 오후 8시다.

What time do you usually get up?
당신은 보통 몇 시에 일어나나요?

🎧 MP3 듣기
VOCA TEST

📅 **DATE** Tuesday, September 9   ☀ **WEATHER** Cool

I usually get up at 7:30 a.m. I turn off the alarm when I wake up. I wake up on my own. I wash my face. I brush my teeth. After that, I eat breakfast at 7:50 a.m. I get ready to go to school. When I have extra time, I read a book. I go to school at 8:30 a.m.

나는 보통 아침 7시 30분에 일어난다. 일어나면 알람을 끈다. 나는 스스로 일어난다. 나는 세수를 한다. 나는 양치질을 한다. 그 후, 아침밥을 7시 50분에 먹는다. 학교 갈 준비를 한다. 시간이 남으면 책을 읽는다. 나는 8시 30분에 학교에 간다.

Words
time 시간 **usually** 보통 **get up** 일어나다 **wash** 씻다 **brush** 칫솔질을 하다
teeth 이 **breakfast** 아침밥 **get ready** 준비하다 **extra** 여분의

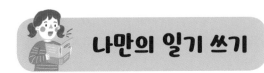

옆의 일기를 활용해서 자신만의 일기를 써 보세요.
어렵다면 그대로 따라 써 보는 것도 좋아요. 일기를 다 쓴 후에는 큰 소리로 읽어 보세요.

 DATE   WEATHER

What time do you usually get up?

I usually get up

다음과 같이 시작해 보세요.

➡ I get up at seven a.m. 나는 7시에 일어난다.

➡ I get up at six forty-five a.m. 나는 6시 45분에 일어난다.

➡ I get up at eight fifteen a.m. 나는 8시 15분에 일어난다.

DAY 072

What day is it today?
오늘은 무슨 요일인가요?

🎧 MP3 듣기
VOCA TEST

 DATE Sunday, September 10    **WEATHER** Clear

Today is **Monday**. Monday is an exciting day because I do a lot of fun activities. After school, I go to Taekwondo academy. I learn kicking and punching. I go to the swimming pool after this. I learn how to do freestyle swimming. When I come home, I have to study English.

오늘은 월요일이다. 월요일은 신나는 날이다. 왜냐하면 재미있는 활동을 많이 하기 때문이다. 방과 후 태권도 학원을 간다. 발차기와 주먹 지르기를 배운다. 이것이 끝나면 수영장에 간다. 나는 자유형을 배운다. 집에 오면, 영어 공부를 해야 한다.

Words   **Monday** 월요일   **academy** 학원   **learn** 배우다   **Taekwondo** 태권도
kick 발로 차다   **punch** 주먹으로 치다   **swimming** 수영

**나만의 일기 쓰기**

옆의 일기를 활용해서 자신만의 일기를 써 보세요.
어렵다면 그대로 따라 써 보는 것도 좋아요. 일기를 다 쓴 후에는 큰 소리로 읽어 보세요.

 DATE   WEATHER

What day is it today?

Today is

다음과 같이 시작해 보세요.

➡ Today is Monday. 오늘은 월요일이다.
➡ Today is Tuesday. 오늘은 화요일이다.
➡ Today is Wednesday. 오늘은 수요일이다.

DAY 073

Describe a very busy day.
매우 바쁜 하루를 설명해 보세요.

🎧 MP3 듣기
VOCA TEST

📅 **DATE** Wednesday, September 12   ☀ **WEATHER** Sunny

I'm very busy every Thursday. I have to wake up in the morning and solve math problems. I have a math test at school. I go to English, math, and piano academies after school. When I get home, I have no energy.

매주 목요일은 매우 바쁘다. 나는 아침에 일어나서 수학 문제를 풀어야 한다. 학교에서 수학 시험을 본다. 방과 후 나는 영어, 수학, 피아노 학원을 간다. 집에 돌아오면 힘이 하나도 없다.

 Words   **describe** 설명하다   **busy** 바쁜   **morning** 아침   **solve** 해결하다   **math** 수학
problem 문제   **test** 시험   **energy** 힘

나만의 일기 쓰기

옆의 일기를 활용해서 자신만의 일기를 써 보세요.
어렵다면 그대로 따라 써 보는 것도 좋아요. 일기를 다 쓴 후에는 큰 소리로 읽어 보세요.

 DATE

 WEATHER

Describe a very busy day.

I'm very busy

다음과 같이 시작해 보세요.

➡ I'm very busy every Thursday. 매주 목요일은 많이 바쁘다.

➡ I'm very busy every Friday. 매주 금요일은 많이 바쁘다.

➡ I'm very busy every Saturday. 매주 토요일은 많이 바쁘다.

DAY 074
When is the school sports day?
학교 체육대회는 언제인가요?

🎧 MP3 듣기
VOCA TEST

📅 **DATE** Thursday, September 15   ☀ **WEATHER** Clear

School sports day is May 1. May 1 is Labor Day. My parents don't work that day. They can come to the sports day. I run with my parents on the playground. We play treasure hunt together. A sports day is a very joyful day.

학교 체육대회는 5월 1일이다. 5월 1일은 노동절이다. 그날은 부모님께서 일을 하지 않으신다. 부모님은 체육대회에 오실 수 있다. 운동장에서 부모님과 함께 달리기를 한다. 우리는 함께 보물찾기를 한다. 체육대회는 정말 즐거운 날이다.

 Words   **sports day** 체육대회   **May** 5월   **Labor Day** 노동절   **parents** 부모님
work 일하다   **come** 오다   **run** 달리다   **treasure hunt** 보물찾기   **joyful** 즐거운

154

나만의 일기 쓰기

옆의 일기를 활용해서 자신만의 일기를 써 보세요.
어렵다면 그대로 따라 써 보는 것도 좋아요. 일기를 다 쓴 후에는 큰 소리로 읽어 보세요.

 DATE

 WEATHER

When is the school sports day?

School sports day is

다음과 같이 시작해 보세요.

➡ School sports day is May 1. 체육대회는 5월 1일이다.

➡ School sports day is June 2. 체육대회는 6월 2일이다.

➡ School sports day is July 3. 체육대회는 7월 3일이다.

155

DAY 075

What did you do on Children's Day?
어린이날에 무엇을 했나요?

MP3 듣기
VOCA TEST

📅 **DATE** Thursday, September 18   ☀ **WEATHER** Rainy

I went to the **water park**. I bought a new **swimsuit**. I felt good when I had my new swimsuit on. I wore a **life jacket**. I picked up a **tube**. I enjoyed swimming. I rode the water slide many times. It was so fun. It was the best day.

나는 워터 파크에 갔다. 나는 새로운 수영복을 샀다. 새 수영복을 입으니 기분이 좋았다. 구명조끼를 입었다. 튜브를 들었다. 나는 수영을 즐겼다. 나는 물 미끄럼틀을 여러 번 탔다. 그것은 정말 재미있었다. 최고의 날이었다.

Words   **Children's Day** 어린이날   **swimsuit** 수영복   **life jacket** 구명조끼   **tube** 튜브
enjoy 즐기다   **ride** 타다

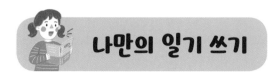

옆의 일기를 활용해서 자신만의 일기를 써 보세요.
어렵다면 그대로 따라 써 보는 것도 좋아요. 일기를 다 쓴 후에는 큰 소리로 읽어 보세요.

 DATE

 WEATHER

What did you do on Children's Day?

I went to the

다음과 같이 시작해 보세요.

→ I went to the museum. 나는 박물관에 갔다.

→ I went to the park. 나는 공원에 갔다.

→ I went to the valley. 나는 계곡에 갔다.

DAY 076

What did you do on Christmas?
크리스마스에 무엇을 했나요?

🎧 MP3 듣기
VOCA TEST

📅 DATE Monday, September 21   ☀ WEATHER Windy

I made a tree for Christmas. It was a big tree. I decorated the tree in various shapes such as stars, hearts, and circles. I put gifts under the tree. The gifts were for my family. I wrote a letter, too. We ate cake. I had a good time sharing the gifts with my family.

나는 크리스마스에 나무를 만들었다. 그것은 커다란 나무였다. 나는 별, 하트, 동그라미 모양같은 다양한 모양으로 나무를 꾸몄다. 나는 나무 아래에 선물을 두었다. 선물은 가족들을 위한 것이었다. 나는 편지도 썼다. 우리는 케이크를 먹는다. 가족과 선물을 나누며 즐거운 시간을 보냈다.

Words   **Christmas** 성탄절   **tree** 나무   **decorate** 장식하다   **various** 다양한   **shape** 모양
circle 동그라미   **gift** 선물   **letter** 편지   **share** 공유하다

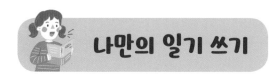

나만의 일기 쓰기

옆의 일기를 활용해서 자신만의 일기를 써 보세요.
어렵다면 그대로 따라 써 보는 것도 좋아요. 일기를 다 쓴 후에는 큰 소리로 읽어 보세요.

 DATE

 WEATHER

What did you do on Christmas?

I made

다음과 같이 시작해 보세요.

➡ I made a Christmas tree. 나는 크리스마스트리를 만들었다.
➡ I made cookies. 나는 쿠키를 만들었다.
➡ I made bread. 나는 빵을 만들었다.

DAY 077

What did you do on Chuseok?
추석에 무엇을 했나요?

🎧 MP3 듣기
VOCA TEST

 DATE Friday, September 24    **WEATHER** Foggy

---

I went to my grandparents' house. I ate japchae. I made the japchae with my grandmother. First, I washed my hands clean. Next, I sliced ham. I washed onions and garlic. Tears came out. The japchae was really delicious.

나는 조부모님 댁에 갔다. 나는 잡채를 먹었다. 나는 할머니와 함께 잡채를 만들었다. 먼저 손을 깨끗하게 씻었다. 다음으로, 햄을 가늘게 잘랐다. 양파와 마늘을 씻었다. 눈물이 났다. 잡채는 정말 맛있었다.

 Words   **Chuseok** 추석   **grandparent(s)** 조부모   **grandfather** 할아버지   **grandmother** 할머니   **japchae** 잡채   **wash** 씻다   **slice** 얇게 썰다   **onion** 양파   **garlic** 마늘

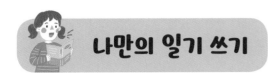 **나만의 일기 쓰기**

옆의 일기를 활용해서 자신만의 일기를 써 보세요.
어렵다면 그대로 따라 써 보는 것도 좋아요. 일기를 다 쓴 후에는 큰 소리로 읽어 보세요.

 DATE

 WEATHER

What did you do on Chuseok?

I went to ....

....

....

....

....

....

....

다음과 같이 시작해 보세요.

➡ I went to my grandfather's house. 나는 할아버지 댁에 갔다.

➡ I went to the country. 나는 시골에 갔다.

➡ I went to the beach. 나는 바닷가에 갔다.

DAY 078

What do you want to do on New year's Day?
새해에 무엇을 하고 싶나요?

🎧 MP3 듣기
VOCA TEST

 DATE Tuesday, September 28    **WEATHER** Sunny

I want to see the sunrise. I want to see the rising sun on New Year's Day. I want to see the sun at the beach. I want to go to Gangwon-do or Busan. Looking at the sun, I want to shout out my plans for the new year. I also want to have a delicious breakfast.

나는 해돋이를 보고 싶다. 새해 첫 날 떠오르는 해를 보고 싶다. 나는 바닷가에서 해를 보고 싶다. 강원도나 부산에 가고 싶다. 해를 보며, 나는 새해 계획을 외치고 싶다. 맛있는 아침밥도 먹고 싶다.

 Words   **new year** 새해   **sunrise** 해돋이   **beach** 바닷가   **shout** 소리치다   **plan** 계획
delicious 맛있는   **breakfast** 아침밥

162

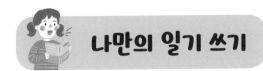 **나만의 일기 쓰기**

옆의 일기를 활용해서 자신만의 일기를 써 보세요.
어렵다면 그대로 따라 써 보는 것도 좋아요. 일기를 다 쓴 후에는 큰 소리로 읽어 보세요.

 DATE　　　　　　　　　　　　　　　 WEATHER

What do you want to do on New Year's Day?

I want to ....

....

....

....

....

....

....

다음과 같이 시작해 보세요.

➡ I want to go on a trip. 나는 여행을 가고 싶다.

➡ I want to make a lot of new friends. 나는 새로운 친구를 많이 사귀고 싶다.

➡ I want to learn how to swim. 나는 수영하는 법을 배우고 싶다.

DAY 079

What is your favorite season?

당신이 가장 좋아하는 계절은 무엇인가요?

MP3 듣기
VOCA TEST

 DATE Wednesday, October 2    **WEATHER** Cool

---

My favorite season is **winter. When it snows, the world turns white. We can do many things with snow. Playing with snow is really exciting. I like a snowball fight and making a snowman and sledding. I hope it snows every day.**

내가 가장 좋아하는 계절은 겨울이다. 눈이 오면, 세상이 하얗게 변한다. 우리는 눈으로 많은 것을 할 수 있다. 눈을 가지고 노는 것은 정말 신이 난다. 나는 눈싸움, 눈사람 만들기, 썰매 타기를 좋아한다. 눈이 매일 오면 좋겠다.

 Words   **favorite** 좋아하는   **season** 계절   **winter** 겨울   **snow** 눈; 눈이 오다   **turn** (~한 상태로) 변하다   **snowball fight** 눈싸움   **snowman** 눈사람   **sledding** 썰매 타기

나만의 일기 쓰기

옆의 일기를 활용해서 자신만의 일기를 써 보세요.
어렵다면 그대로 따라 써 보는 것도 좋아요. 일기를 다 쓴 후에는 큰 소리로 읽어 보세요.

 DATE   WEATHER

What is your favorite season?

My favorite season is ....

....

....

....

....

....

....

다음과 같이 시작해 보세요.

➡ My favorite season is spring. 내가 가장 좋아하는 계절은 봄이다.

➡ My favorite season is summer. 내가 가장 좋아하는 계절은 여름이다.

➡ My favorite season is fall. 내가 가장 좋아하는 계절은 가을이다.

DAY 080

How's the weather today?
오늘 날씨가 어떤가요?

🎧 MP3 듣기
VOCA TEST

📅 DATE Thursday, October 8   ☀ WEATHER Sunny

It's sunny today. It's a very nice autumn day. I like sunshine. There is no cloud in the sky. A cool breeze blows. Taking a walk in the autumn feels good. I want to play outside. I hope the weather stays like this.

오늘 날씨는 화창하다. 아주 좋은 가을 날씨이다. 나는 햇살이 좋다. 하늘에 구름이 없다. 시원한 바람이 분다. 가을에 하는 산책은 기분이 좋다. 밖에 나가서 놀고 싶다. 이렇게 좋은 날씨가 계속 이어지면 좋겠다.

 Words **weather** 계절 **sunny** 화창한 **autumn** 가을 **sunshine** 햇살 **cloud** 구름
breeze 바람을 쐬다 **blow** 불다 **outside** 밖에서 **stay** ~인 채로 있다

나만의 일기 쓰기

옆의 일기를 활용해서 자신만의 일기를 써 보세요.
어렵다면 그대로 따라 써 보는 것도 좋아요. 일기를 다 쓴 후에는 큰 소리로 읽어 보세요.

 DATE

 WEATHER

How's the weather today?

It's

다음과 같이 시작해 보세요.

➡ It's sunny today.   오늘 날씨는 화창하다.
➡ It's cloudy today.   오늘 날씨는 구름이 꼈다.
➡ It's warm today.   오늘 날씨는 따뜻하다.

What kind of weather do you like?

어떤 날씨를 좋아하나요?

🎧 MP3 듣기
VOCA TEST

📅 DATE   Saturday, October 10   ☼ WEATHER   Rainy

I like rainy weather. I use a pretty umbrella. I wear nice boots and a raincoat. Walking on a rainy road makes me feel good. The sound of rain is very good, too. When it rains, all the dust goes away. The sky becomes clear.

나는 비 오는 날씨를 좋아한다. 나는 예쁜 우산을 쓴다. 나는 멋진 장화를 신고 우비도 입는다. 비가 오는 도로를 걸으면 기분이 좋다. 빗소리도 참 좋다. 비가 오면 모든 먼지가 없어진다. 하늘이 깨끗해진다.

Words   weather 날씨   rainy 비가 오는   pretty 예쁜   umbrella 우산   boot(s) 부츠, 장화
raincoat 우비   road 길   sound 소리   dust 먼지   go away 없어지다   sky 하늘

나만의 일기 쓰기

옆의 일기를 활용해서 자신만의 일기를 써 보세요.
어렵다면 그대로 따라 써 보는 것도 좋아요. 일기를 다 쓴 후에는 큰 소리로 읽어 보세요.

 DATE

 WEATHER

What kind of weather do you like?

I like

다음과 같이 시작해 보세요.

→ I like rainy weather. 나는 비 오는 날씨가 좋다.

→ I like snowy weather. 나는 눈 오는 날씨가 좋다.

→ I like foggy weather. 나는 안개 낀 날씨가 좋다.

What kind of clothes do you want to wear in summer?

여름에 어떤 옷을 입고 싶나요?

MP3 듣기
VOCA TEST

📅 DATE Friday, October 12   ☼ WEATHER Sunny

I want to wear **cool clothes in summer**. When summer comes, I want to wear a pretty skirt. The skirt is pink. I want to wear a yellow T-shirt with white lace. Yellow is my favorite color.

나는 여름에 시원한 옷을 입고 싶다. 나는 여름이 되면, 예쁜 치마를 입고 싶다. 그 치마는 분홍색이다. 나는 흰색 레이스가 있는 노란색 티셔츠 입고 싶다. 노란색은 내가 가장 좋아하는 색이다.

Words clothes 옷   wear (옷을) 입다   summer 여름   cool 시원한   pretty 예쁜
skirt 치마   pink 분홍색   white 흰색   lace 레이스

 **나만의 일기 쓰기**

옆의 일기를 활용해서 자신만의 일기를 써 보세요.
어렵다면 그대로 따라 써 보는 것도 좋아요. 일기를 다 쓴 후에는 큰 소리로 읽어 보세요.

📅 DATE

☀ WEATHER

What kind of clothes do you want to wear in summer?

I want to wear

 다음과 같이 시작해 보세요.

➡ I want to wear shoes. 나는 구두를 신고 싶다.

➡ I want to wear sneakers. 나는 운동화를 신고 싶다.

➡ I want to wear slippers. 나는 슬리퍼를 신고 싶다.

171

DAY 083

What can we do for the Earth?
지구를 위해 무엇을 할 수 있을까요?

🎧 MP3 듣기
VOCA TEST

📅 DATE Tuesday, October 15   ☀ WEATHER Clear

For the Earth, I can recycle paper, plastic, cans, and glass. I recycle once a week. At first, recycling was confusing and difficult. Now I'm good at recycling. Recycling is very important. It is our responsibility to protect the Earth.

지구를 위해 나는 종이, 플라스틱, 캔, 유리를 재활용할 수 있다. 나는 일주일에 한 번씩 재활용을 한다. 처음에는 재활용하기가 헷갈리고 어려웠다. 이제 나는 재활용을 잘한다. 재활용을 하는 것은 매우 중요하다. 지구를 보호하는 것은 우리의 책임이다.

PAPER   PLASTIC   CAN   BOTTLE

Words (the) Earth 지구 recycle 재활용하다 paper 종이 plastic 플라스틱 can 캔
glass 유리 confusing 헷갈리는 difficult 어려운 responsibility 책임
protect 보호하다

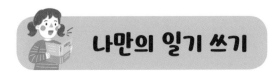

나만의 일기 쓰기

옆의 일기를 활용해서 자신만의 일기를 써 보세요.
어렵다면 그대로 따라 써 보는 것도 좋아요. 일기를 다 쓴 후에는 큰 소리로 읽어 보세요.

 DATE   WEATHER

What can we do for the Earth?

For the Earth, I can

다음과 같이 시작해 보세요.

➡ For the Earth, I can recycle. 지구를 위해 나는 재활용을 할 수 있다.

➡ For the Earth, I can pick up trash. 지구를 위해 나는 쓰레기를 주울 수 있다.

➡ For the Earth, I can save water. 지구를 위해 나는 물을 아낄 수 있다.

What if the sun doesn't set?
만약 해가 지지 않는다면?

🎧 MP3 듣기
VOCA TEST

📅 DATE Tuesday, October 17   ☼ WEATHER Cool

If the sun doesn't set, I can always take a walk. I am not afraid of coming home after academy. I can come home bravely by myself during the day. But during the dark night, my dad comes to pick me up. The dark night road is too scary.

만약 해가 지지 않는다면, 나는 항상 산책을 할 수 있다. 학원 끝나고 집에 오는 길이 무섭지 않다. 나는 낮에는 씩씩하게 혼자서 집에 올 수 있다. 하지만 어두운 밤에는 아빠가 나를 데리러 오신다. 어두운 밤길은 너무 무섭다.

 Words **set** (해, 달이) 지다   **take a walk** 산책하다   **afraid** 두려운   **academy** 학원
by myself 혼자서   **dark** 어두운   **scary** 무서운

174

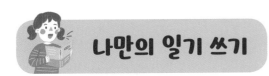

나만의 일기 쓰기

옆의 일기를 활용해서 자신만의 일기를 써 보세요.
어렵다면 그대로 따라 써 보는 것도 좋아요. 일기를 다 쓴 후에는 큰 소리로 읽어 보세요.

 DATE

 WEATHER

What if the sun doesn't set?

If the sun doesn't set, I can

다음과 같이 시작해 보세요.

➡ I can always play basketball. 나는 항상 농구를 할 수 있다.

➡ I can always talk. 나는 항상 이야기할 수 있다.

➡ I can always swim. 나는 항상 수영할 수 있다.

175

DAY 085

What if you are alone in the desert?
당신이 사막에 혼자 있다면?

🎧 MP3 듣기
VOCA TEST

📅 DATE Friday, October 22   ☼ WEATHER Windy

If I'm alone in the desert, I'll be lonely. There is no one to talk to me. There is no one to hang out with me. I'll be thirsty. I won't have anything to eat. I will be very hungry. I'll try to find an oasis. I will survive in the desert.

내가 사막에 혼자 있다면, 나는 외로울 것이다. 나와 말할 사람이 없다. 나와 놀 사람이 없다. 나는 목이 마를 것이다. 나는 먹을 것이 없을 것이다. 배가 많이 고플 것이다. 나는 오아시스를 찾으려 노력할 것이다. 나는 사막에서 살아남을 것이다.

 Words   **alone** 홀로   **desert** 사막   **lonely** 외로운   **hang out with** ~와 함께 놀다
thirsty 목마른   **hungry** 배고픈   **oasis** 오아시스   **survive** 살아남다

176

나만의 일기 쓰기

옆의 일기를 활용해서 자신만의 일기를 써 보세요.
어렵다면 그대로 따라 써 보는 것도 좋아요. 일기를 다 쓴 후에는 큰 소리로 읽어 보세요.

 DATE

 WEATHER

What if you are alone in the desert?

If I'm alone in the desert, I'll

다음과 같이 시작해 보세요.

➡ I'll be lonely. 난 외로울 것이다.

➡ I'll be bored. 난 심심할 것이다.

➡ I'll be happy. 난 행복할 것이다.

177

DAY 086

Have you ever grown plants?
식물을 길러본 적이 있나요?

🎧 MP3 듣기
VOCA TEST

📅 DATE Wednesday, October 26   ☀ WEATHER Foggy

I have grown tomatoes. I planted tomato seeds at school. The pot was filled with soil. I put the seeds into the soil. I watered the seeds. A week later, I could see a small leaf. The leaves grew more and more. Finally, there were small tomatoes. I was really proud of myself.

나는 토마토를 길러본 적이 있다. 나는 학교에서 토마토 씨앗을 심었다. 화분은 흙으로 가득 차 있었다. 나는 흙 안에 씨앗을 넣었다. 나는 물을 주었다. 1주일 후 작은 잎을 보았다. 잎이 점점 자랐다. 마침내, 작은 토마토 들이 생겼다. 나는 정말 뿌듯했다.

Words grow 기르다 tomato 토마토 plant 심다 seed 씨앗 pot 화분 be filled with ~로 가득 차다 soil 흙 water 물을 주다 leaf 잎 proud 자랑스러운

178

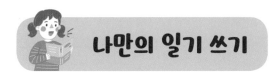

나만의 일기 쓰기

옆의 일기를 활용해서 자신만의 일기를 써 보세요.
어렵다면 그대로 따라 써 보는 것도 좋아요. 일기를 다 쓴 후에는 큰 소리로 읽어 보세요.

 DATE   WEATHER

Have you ever grown plants?

I have grown

다음과 같이 시작해 보세요.

➡ I have grown strawberries. 나는 딸기를 길러본 적이 있다.
➡ I have grown flowers. 나는 꽃을 길러본 적이 있다.
➡ I have grown apples. 나는 사과를 길러본 적이 있다.

DAY 087

What will you do tomorrow?
내일 무엇을 할 것인가요?

MP3 듣기
VOCA TEST

📅 DATE Friday, October 28   ☀ WEATHER Sunny

I will go to the library tomorrow. I will go with my younger brothers. I will read picture books to my younger brothers. I will borrow three books. I will also eat delicious curry in the cafeteria. I will play badminton in the park. I'm really looking forward to playing badminton tomorrow.

나는 내일 도서관에 갈 것이다. 남동생들과 함께 갈 것이다. 동생들에게 그림책을 읽어줄 것이다. 책을 3권 빌려올 것이다. 구내식당에서 맛있는 카레도 먹을 것이다. 공원에서 배드민턴을 칠 것이다. 나는 내일 배드민턴 칠 것이 정말 기대된다.

Words **tomorrow** 내일 **library** 도서관 **picture book** 그림책 **borrow** 빌리다
badminton 배드민턴 **park** 공원 **look forward to** ~을 기대하다

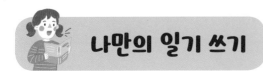

나만의 일기 쓰기

옆의 일기를 활용해서 자신만의 일기를 써 보세요.
어렵다면 그대로 따라 써 보는 것도 좋아요. 일기를 다 쓴 후에는 큰 소리로 읽어 보세요.

 DATE

 WEATHER

What will you do tomorrow?

I will go to the

다음과 같이 시작해 보세요.

➡ I will go to the museum. 나는 박물관에 갈 것이다.
➡ I will go to the zoo. 나는 동물원에 갈 것이다.
➡ I will go to the sea. 나는 바다에 갈 것이다.

181

DAY 088

What are your plans for vacation?

방학 동안 무엇을 할 계획인가요?

🎧 MP3 듣기
VOCA TEST

 DATE Monday, November 1  **WEATHER** Cloudy

First, my plan is to read books. I will read a book every day. Second, my plan is to keep a diary. I will write in my diary every day because I like writing. Third, my plan is to take care of my younger brother. I will play with my brother without fighting.

첫째, 내 계획은 책을 읽는 것이다. 매일 한 권씩 책을 읽을 것이다. 둘째, 내 계획은 일기를 쓰는 것이다. 나는 매일 일기를 쓸 것이다. 왜냐하면 나는 글쓰기를 좋아하기 때문이다. 셋째, 내 계획은 남동생을 돌보는 것이다. 나는 남동생과 싸우지 않고 놀 것이다.

 Words   **plan** 계획   **vacation** 방학   **read** (책을) 읽다   **book** 책   **keep a diary** 일기를 쓰다
take care of ~을 돌보다   **without** ~없이

나만의 일기 쓰기

옆의 일기를 활용해서 자신만의 일기를 써 보세요.
어렵다면 그대로 따라 써 보는 것도 좋아요. 일기를 다 쓴 후에는 큰 소리로 읽어 보세요.

 DATE _____ WEATHER _____

What are your plans for vacation?

First, my plan is _____

_____

_____

_____

_____

_____

_____

다음과 같이 시작해 보세요.

➡ **My plan is** to visit my grandparents. 내 계획은 조부모님 댁을 방문하는 것이다.

➡ **My plan is** to keep a diary. 내 계획은 일기 쓰는 것이다.

➡ **My plan is** to exercise. 내 계획은 운동하는 것이다.

DAY 089

What do you want to do this year?
올해 무엇을 하고 싶나요?

🎧 MP3 듣기
VOCA TEST

 DATE Wednesday, November 3  **WEATHER** Windy

I will make my body healthy. I will exercise every day this year. I feel good when I exercise. I'll do 10 push-ups every day. I'll jump rope 100 times. I will walk every day for 30 minutes. My body will become healthy. I will grow taller.

나는 건강한 몸을 만들 것이다. 나는 올해 매일 운동할 것이다. 운동을 하면 기분이 좋다. 매일 팔 굽혀 펴기를 10개씩 할 것이다. 줄넘기를 100개 할 것이다. 나는 매일 30분씩 걸을 것이다. 내 몸은 건강해 질 것이다. 나는 키가 클 것이다.

Words **make** 만들다 **body** 몸 **healthy** 건강한 **exercise** 운동하다
jump rope 줄넘기하다 **push-up** 팔 굽혀 펴기 **grow** 자라다

184

 **나만의 일기 쓰기**

옆의 일기를 활용해서 자신만의 일기를 써 보세요.
어렵다면 그대로 따라 써 보는 것도 좋아요. 일기를 다 쓴 후에는 큰 소리로 읽어 보세요.

📅 DATE   ☀ WEATHER

What do you want to do this year?

I will

 다음과 같이 시작해 보세요.

➡ I will lose weight. 나는 살을 뺄 것이다.
➡ I will read more. 나는 책을 더 읽을 것이다.
➡ I will study English hard. 나는 영어 공부를 열심히 할 것이다.

DAY 090

How do you imagine yourself in 5 years?

5년 후, 당신은 무엇이 되어 있을까요?

🎧MP3 듣기
VOCA TEST

📅 DATE Friday, November 5   ☀ WEATHER Sunny

Five years later, I will be a high school student. I will make good friends. I will study hard for my dream. I will go to school early in the morning. I'll be home late at night. Studying is hard, but I will do my best to make my dreams come true.

5년 후, 나는 고등학생일 것이다. 나는 좋은 친구를 만들 것이다. 나는 내 꿈을 위해 열심히 공부할 것이다. 나는 아침 일찍 학교에 갈 것이다. 저녁 늦게 집에 올 것이다. 공부가 힘들지만, 꿈을 이루기 위해 최선을 다할 것이다.

 Words **imagine** 상상하다 **live** 살다 **high school** 고등학교 **dream** 꿈 **early** 빨리
late 늦은 **night** 밤 **do one's best** 최선을 다하다 **come true** 이루어지다, 실현되다

나만의 일기 쓰기

옆의 일기를 활용해서 자신만의 일기를 써 보세요.
어렵다면 그대로 따라 써 보는 것도 좋아요. 일기를 다 쓴 후에는 큰 소리로 읽어 보세요.

 DATE

 WEATHER

How do you imagine yourself in 5 years?

Five years later, I will be a

➡ I will be a high school student. 나는 고등학생일 것이다.

➡ I will be a middle school student. 나는 중학생일 것이다.

➡ I will be a college student. 나는 대학생일 것이다.

DAY 091

What do you want to be in the future?

미래에 무엇을 하고 싶나요?

🎧 MP3 듣기
VOCA TEST

 DATE Thursday, November 12　　 **WEATHER** Cloudy

I want to be a teacher. I want to be a teacher like my second grade teacher. I was a slow learner, but she always waited for me. She supported me. When I become a teacher, I will teach students kindly. I really want to be a good teacher.

나는 선생님이 되고 싶다. 나는 2학년 때 선생님 같은 선생님이 되고 싶다. 나는 배우는 것이 느렸다. 하지만 선생님은 항상 나를 기다려주었다. 선생님은 나를 지지해 주셨다. 내가 선생님이 되면, 나는 학생들을 친절하게 가르칠 것이다. 나는 정말 좋은 선생님이 되고 싶다.

 Words　　**future** 미래　　**teacher** 선생님　　**grade** 학년　　**slow learner** 배움이 느린 사람
wait 기다리다　　**support** 지지하다　　**kindly** 친절하게

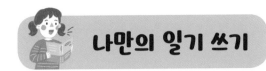

나만의 일기 쓰기

옆의 일기를 활용해서 자신만의 일기를 써 보세요.
어렵다면 그대로 따라 써 보는 것도 좋아요. 일기를 다 쓴 후에는 큰 소리로 읽어 보세요.

 DATE

 WEATHER

What do you want to be in the future?

I want to be a

다음과 같이 시작해 보세요.

➡ I want to be a singer. 나는 가수가 되고 싶다.

➡ I want to be a doctor. 나는 의사가 되고 싶다.

➡ I want to be an engineer. 나는 엔지니어가 되고 싶다.

What gift do you want for your birthday?

당신의 생일에 받고 싶은 선물은 무엇인가요?

 DATE Saturday, November 16    **WEATHER** Sunny

I want to get a new jump rope as a gift. I am taller than I was last year. My jump rope is short for me. It is difficult to jump when the rope is short. I want to jump rope again. I want to grow taller than now. I want to get more muscles. I want to be healthy.

나는 선물로 새 줄넘기를 받고 싶다. 나는 작년보다 키가 컸다. 내 줄넘기는 내게 짧다. 줄넘기가 짧을 때 줄넘기 뛰는 것은 어렵다. 나는 다시 줄넘기를 하고 싶다. 지금보다 키도 더 크고 싶다. 근육도 더 많아지고 싶다. 나는 건강해지고 싶다.

 Words   **gift** 선물   **jump rope** 줄넘기; 줄넘기하다   **last** 저번에   **short** 짧다   **difficult** 어려운
again 다시, 또   **grow** 자라다   **muscle** 근육   **healthy** 건강한

나만의 일기 쓰기

옆의 일기를 활용해서 자신만의 일기를 써 보세요.
어렵다면 그대로 따라 써 보는 것도 좋아요. 일기를 다 쓴 후에는 큰 소리로 읽어 보세요.

 DATE

 WEATHER

What gift do you want for your birthday?

I want to get ....

....

....

....

....

....

....

....

다음과 같이 시작해 보세요.

→ I want to get a bag as a gift. 나는 가방을 선물로 받고 싶다.

→ I want to get a smartphone as a gift. 나는 스마트폰을 선물로 받고 싶다.

→ I want to get a toy as a gift. 나는 장난감을 선물로 받고 싶다.

Which city do you want to travel to?

어느 도시에 여행 가고 싶나요?

🎧 MP3 듣기
VOCA TEST

📅 **DATE** Sunday, November 24   ☀ **WEATHER** Cold

I want to travel to Paris. Paris is the capital of France. Paris is famous for the Eiffel Tower. I want to see the Eiffel Tower myself. I want to go up to the top of the Eiffel Tower. I want to go to the Louvre Museum. I want to eat famous baguettes in Paris.

나는 파리를 여행하고 싶다. 파리는 프랑스의 수도이다. 파리는 에펠탑이 유명하다. 나는 에펠탑을 직접 보고 싶다. 에펠탑 꼭대기에 올라가고 싶다. 루브르 박물관을 가고 싶다. 나는 파리에서 유명한 바게트를 먹고 싶다.

 Words   **city** 도시   **travel** 여행하다   **capital** 수도   **famous** 유명한   **want** ~을 원하다
top 꼭대기   **baguette** 바게트

192

나만의 일기 쓰기

옆의 일기를 활용해서 자신만의 일기를 써 보세요.
어렵다면 그대로 따라 써 보는 것도 좋아요. 일기를 다 쓴 후에는 큰 소리로 읽어 보세요.

 DATE   WEATHER

Which city do you want to travel to?

I want to travel to ....

....

....

....

....

....

....

....

다음과 같이 시작해 보세요.

➡ I want to travel to Boston. 나는 보스턴을 여행하고 싶다.

➡ I want to travel to Melbourne. 나는 멜버른을 여행하고 싶다.

➡ I want to travel to Da Nang. 나는 다낭을 여행하고 싶다.

193

DAY 094

What do you want to do in your free time?
자유 시간에 무엇을 하고 싶나요?

🎧 MP3 듣기
VOCA TEST

📅 DATE Friday, November 30   ☀ WEATHER Foggy

If I have free time, I want to oversleep. I want to stay in bed. I want to keep lying down even when the sun is up. It's hard to get up early every morning. I don't want to wake up from my dream. I hope no one wakes me up.

만약 나에게 자유시간이 있다면, 나는 늦잠을 자고 싶다. 나는 침대에 머물고 싶다. 심지어 해가 떠 있을지라도 나는 계속 누워있고 싶다. 매일 아침 일찍 일어나는 건 힘들다. 나는 꿈에서 깨고 싶지 않다. 아무도 나를 깨우지 않았으면 좋겠다.

Words **free** 자유 **time** 시간 **oversleep** 늦잠 자다 **stay** 머무르다 **bed** 침대
lie down 눕다, 누워있다 **rise** (해가) 뜨다 **early** 일찍, 빨리 **dream** 꿈

194

 **나만의 일기 쓰기**

옆의 일기를 활용해서 자신만의 일기를 써 보세요.
어렵다면 그대로 따라 써 보는 것도 좋아요. 일기를 다 쓴 후에는 큰 소리로 읽어 보세요.

📅 DATE   ☀ WEATHER

What do you want to do in your free time?

If I have free time, I want to ....

....

....

....

....

....

....

다음과 같이 시작해 보세요.

➡ I want to read a lot of books. 나는 책을 많이 읽고 싶다.

➡ I want to play with my friends. 나는 친구와 놀고 싶다.

➡ I want to swim. 나는 수영하고 싶다.

DAY 095

Tell me about your five wishes.

5가지 소원을 말해보세요.

🎧 MP3 듣기
VOCA TEST

📅 **DATE** Wednesday, December 3 ☀️ **WEATHER** Sunny

First, my wish is to travel every day. I like to travel. Second, my wish is to not go to the academy. I don't want to study. Third, my wish is to have a puppy. Fourth, my wish is to play computer games all day long. Fifth, my wish is to get an A in math.

첫째, 내 소원은 매일 여행 가는 것이다. 나는 여행을 좋아한다. 둘째, 내 소원은 학원을 가지 않는 것이다. 나는 공부를 하고 싶지 않다. 셋째, 내 소원은 강아지를 키우는 것이다. 넷째, 내 소원은 컴퓨터 게임을 하루 종일 하는 것이다. 다섯째, 내 소원은 수학에서 A를 받는 것이다.

Words | **wish** 소원 **travel** 여행하다 **academy** 학원 **study** 공부하다 **puppy** 강아지 **math** 수학

나만의 일기 쓰기

옆의 일기를 활용해서 자신만의 일기를 써 보세요.
어렵다면 그대로 따라 써 보는 것도 좋아요. 일기를 다 쓴 후에는 큰 소리로 읽어 보세요.

 DATE
 WEATHER

Tell me about your five wishes.

First, my wish is

....

....

....

....

....

....

....

다음과 같이 시작해 보세요.

➡ My wish is to be famous. 내 소원은 유명해지는 것이다.

➡ My wish is to exercise with my dad. 내 소원은 아빠와 운동하는 것이다.

➡ My wish is to oversleep. 내 소원은 늦잠 자는 것이다.

197

If you are invisible, what do you want to do?
만약 투명인간이라면 무엇을 하고 싶나요?

MP3 듣기
VOCA TEST

 DATE Friday, December 6　　 **WEATHER** Clear

If I'm invisible, I want to punish bad friends secretly. I don't like people who bully other people. I want to give presents to good friends. I like people who help others. Then, there will be only good people in the world.

만약 내가 투명인간이라면, 나는 나쁜 친구를 몰래 벌주고 싶다. 나는 다른 사람을 괴롭히는 사람들이 싫다. 나는 착한 친구에게 선물을 주고 싶다. 나는 남을 도와주는 착한 사람들이 좋다. 그럼, 세상에는 착한 사람만 있을 것이다.

 Words　**invisible** 보이지 않는　**punish** 벌을 주다　**bad** 나쁜　**bully** 괴롭히다　**present** 선물
help 돕다　**imagine** 상상하다

198

 **나만의 일기 쓰기**

옆의 일기를 활용해서 자신만의 일기를 써 보세요.
어렵다면 그대로 따라 써 보는 것도 좋아요. 일기를 다 쓴 후에는 큰 소리로 읽어 보세요.

 DATE ☀ **WEATHER**

If you are invisible, what do you want to do?

If I'm invisible,

다음과 같이 시작해 보세요.

➡ If I'm rich, I want to buy a nice car. 만약 내가 부자라면, 멋진 차를 사고 싶다.

➡ If I'm president, I want to help the poor. 만약 내가 대통령이라면, 가난한 사람을 돕고 싶다.

➡ If I'm Superman, I want to punish bad guys. 만약 내가 슈퍼맨이라면, 나쁜 사람들을 처벌하고 싶다.

 DATE Tuesday, December 13    **WEATHER** Cold

If I get 1 billion won, I want to **buy presents for my family. I want to buy a massage machine for my dad. I want to buy a nice car for my mom. I want to buy pretty clothes for my sister. I want to buy a toy for my younger brother. I want to buy soccer shoes and a soccer ball for myself.**

만약 10억이 생긴다면, 나는 가족에게 선물을 사주고 싶다. 아빠에게 안마기를 사주고 싶다. 엄마에게 멋진 차를 사주고 싶다. 누나에게 예쁜 옷을 사주고 싶다. 남동생에게 장난감을 사주고 싶다. 나는 나를 위해 축구화와 축구공을 사고 싶다.

 Words   **billion** 10억   **family** 가족   **buy** 사다   **massage machine** 안마기
pretty 예쁜   **clothes** 옷   **shoes** 신발   **soccer ball** 축구공

나만의 일기 쓰기

옆의 일기를 활용해서 자신만의 일기를 써 보세요.
어렵다면 그대로 따라 써 보는 것도 좋아요. 일기를 다 쓴 후에는 큰 소리로 읽어 보세요.

📅 DATE

☀ WEATHER

What do you want to do if you get 1 billion won?

If I get 1 billion won, I want to

다음과 같이 시작해 보세요.

➡ I want to buy socks. 나는 양말을 사고 싶다.

➡ I want to buy a jacket. 나는 재킷을 사고 싶다.

➡ I want to buy a hat. 나는 모자를 사고 싶다.

What do you want to do if you have wings?

만약 날개가 있다면 무엇을 하겠어요?

🎧 MP3 듣기
VOCA TEST

📅 DATE Thursday, December 17   ☀ WEATHER Sunny

If I have wings, I want to fly in the sky. When I fly, I can go fast anywhere. I can go to amusement parks, playgrounds, and the tops of the mountains easily. I want to go from place to place. I want to travel all over the world.

만약 날개가 있다면, 나는 하늘을 날고 싶다. 내가 날면, 어디든 빨리 갈 수 있다. 나는 놀이공원, 놀이터, 산꼭대기를 쉽게 갈 수 있다. 나는 이곳저곳을 가고 싶다. 나는 전 세계를 여행하고 싶다.

Words   wing 날개   **amusement park** 놀이공원   **playground** 놀이터   **mountain** 산
easily 쉽게   **travel** 여행하다   **from place to place** 이곳저곳   **world** 세계

202

나만의 일기 쓰기

옆의 일기를 활용해서 자신만의 일기를 써 보세요.
어렵다면 그대로 따라 써 보는 것도 좋아요. 일기를 다 쓴 후에는 큰 소리로 읽어 보세요.

 DATE

 WEATHER

What do you want to do if you have wings?

If I have wings,

다음과 같이 시작해 보세요.

➡ If I have wings, I want to fly in the sky. 만약 날개가 있다면, 나는 하늘을 날고 싶다.

➡ If I have a tail, I want to show my friends. 만약 꼬리가 있다면, 나는 친구들에게 보여주고 싶다.

➡ If I have horns, I can't wear a hat. 만약 뿔이 있다면, 나는 모자를 쓰지 못한다.

What if you can't see anything?

만약 아무것도 볼 수 없다면 어떨까요?

🎧 MP3 듣기
VOCA TEST

📅 DATE Monday, December 25   ☼ WEATHER Snowy

If I can't see anything, I will be sad. I can't see my lovely family. I can't see my friends, smartphone, computer, or the beautiful sky. I think it will be too hard. I'll read with my fingers. I'll practice walking down the street with a stick.

만약 아무것도 볼 수 없다면, 나는 슬플 것이다. 나의 사랑하는 가족을 볼 수 없다. 내 친구들, 스마트폰, 컴퓨터, 그리고 아름다운 하늘도 보지 못한다. 그것은 너무 힘들 것 같다. 나는 손가락으로 글씨를 읽을 것이다. 나는 막대기로 길 걷는 것을 연습할 것이다.

 Words   **see** 보다   **sad** 슬픈   **lovely** 사랑스러운   **beautiful** 아름다운   **hard** 어려운
finger 손가락   **practice** 연습하다   **street** 길, 거리   **stick** 막대기

 **나만의 일기 쓰기**

옆의 일기를 활용해서 자신만의 일기를 써 보세요.
어렵다면 그대로 따라 써 보는 것도 좋아요. 일기를 다 쓴 후에는 큰 소리로 읽어 보세요.

 DATE

 WEATHER

What if you can't see anything?

If I can't see anything, I will

....

....

....

....

....

....

....

다음과 같이 시작해 보세요.

➡ If I can't see, I'll be sad. 만약 볼 수 없다면, 나는 슬플 것이다.

➡ If I can't hear, I can't hear a song. 만약 들을 수 없다면, 나는 노래를 들을 수 없다.

➡ If I can't touch, I'll be uncomfortable. 만약 만질 수 없다면, 나는 불편할 것이다.

DAY 100

What if you give yourself a present?

당신이 당신 스스로에게 선물을 준다면?

🎧 MP3 듣기
VOCA TEST

📅 DATE Sunday, December 30   ☀ WEATHER Snowy

I want to give myself a piano. I want to play the piano. I'll enter a piano contest. But I don't have enough time to play the piano because I only practice the piano at the academy. I want to practice the piano at home. I want to play the piano very well.

나는 내 자신에게 피아노를 선물하고 싶다. 나는 피아노를 연주하고 싶다. 나는 피아노 대회에 참가할 것이다. 하지만 나는 피아노 칠 시간이 부족하다. 왜냐하면 나는 오직 학원에서만 피아노를 연습하기 때문이다. 나는 집에서 피아노 연습을 하고 싶다. 피아노를 아주 잘 치고 싶다.

Words give 주다   present 선물   piano 피아노   enter ~에 참가하다
contest 경연   practice 연습하다   enough 충분한   academy 학원

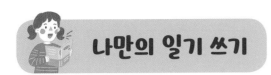

나만의 일기 쓰기

옆의 일기를 활용해서 자신만의 일기를 써 보세요.
어렵다면 그대로 따라 써 보는 것도 좋아요. 일기를 다 쓴 후에는 큰 소리로 읽어 보세요.

 DATE

 WEATHER

What if you give yourself a present?

I want to give myself

다음과 같이 시작해 보세요.

➡ I want to give myself a piano. 나는 나에게 피아노를 주고 싶다.

➡ I want to give myself a guitar. 나는 나에게 기타를 주고 싶다.

➡ I want to give myself an ocarina. 나는 나에게 오카리나를 주고 싶다.

207

[1일 1쓰기] 초등 영어일기

지은이 한지혜
펴낸이 임상진
펴낸곳 (주)넥서스

초판 1쇄 발행 2020년 11월 30일
초판 8쇄 발행 2024년 3월 8일

출판신고 1992년 4월 3일 제311-2002-2호
주소 10880 경기도 파주시 지목로 5
전화 (02)330-5500 팩스 (02)330-5555

ISBN 979-11-91209-03-7 63740

출판사의 허락 없이 내용의 일부를
인용하거나 발췌하는 것을 금합니다.

가격은 뒤표지에 있습니다.
잘못 만들어진 책은 구입처에서 바꾸어 드립니다.

www.nexusbook.com